노인을 이해하기 위한

고령친화 체험관 디자인과 프로그램

노인을 이해하기 위한

고령친화 체험관 디자인과 프로그램

김미희 오지영

전남대학교출판부

머리말

우리나라는 세계 최저수준의 출산율과 더불어 가장 빠른 속도로 고령화 사회에 접어들고 있다. 2012년 현재 고령자가 총인구 중에서 차지하는 비율이 일 할 이상이고 노령화 지수도 높아서 현재의 저 출산이 지속 될 경우 2017년에 이르면 고령인구가 유소년인구를 초과 할 것으로 전망된다. 전통사회에서 중요한 위치를 차지했던 노인의 지위와 역할이 과거에 비하여 하락하였고 세대 간 분리현상이 가속화되어 젊은 세대에게 노인에 대한 부정적인 편견과 고정관념이 퍼지고 있다. 우리 중 누구든지 나이가 드는 것을 피할 수 없다는 것을 알고 있지만 자신이 노인이 된다는 것을 쉽게 상상하기 어렵기 때문이다.

이에 비고령세대인 유소년이나 청장년층들이 노인을 쉽게 이해할 수 있는 고령친화관련 제품 및 서비스를 종합적으로 체험할 수 있는 체험관을 구축할 필요성을 인식하게 되었다. 고령친화체험관이란 고령친화제품을 체험하고 고령친화산업을 이해하며 고령사회를 준비할 수 있는 공간으로서 감성체험, 주택체험, 보행체험 등의 생애체험프로그램을 통하여 노인의 신체적 변화와 이에 동반되는 문제를 가상적으로 체험함으로써 고령자에 대한 편견에서 벗어나 고령자를 이해하고 고령자에 대한 태도를 변화시켜 고령자와 비고령자간의 상호이해를 돕고 체험마케팅을 통해 소비자가 진정으로 원하는 고령친화용품의 개발을 활성화시키는 것이 그 목적이다.

이 책에서 제안하는 고령친화 체험관의 디자인 가이드라인과 체험프로그램은 2008-2011년까지 지식경제부의 과제로 진행되었던 '광주광역시 고령친화제품·서비스 종합체험관 구축사업'에서 비롯된 것이다. 저자는 전시디자인팀장으로서 역할을 수행하면서 '고령친화 디자인가이드라인'을 개발하기 위해서 '유니버설 디자인', '유비퀴터스 디자인', '친환경 디자인' 전문가로 구성된 자문위원회의 자문을 받았고, '고령친화 교육 및 체험프로그램' 개발을 위해서 '생애체험 및 노화체험 프로그램' 전문가의 자문을 받았다. 아울러 노인·노화·고령친화 관련주제로 문헌고찰을 하였고, 일본의 오사카와 동경에 있는 노인관련 체험관을 답사하고 10회 이상의 국내 노화·고령친화 체험관을 답사하여 디자인과 프로그램을 조사·분석하였으며 각각의 주제에 대해서 별도로 학술대회와 수차례의 세미나를 개최하였다.

이 책을 집필하면서 저자는 전문용어보다는 일반인이 쉽게 접근할 수 있도록 쉬운 문장으로 설명하도록 노력하였고 가능한 한 많은 예제를 사진으로 수록하였다. 이 책을 통하여 독자들이 노인을 보다 잘 이해하고 자신이 노인이 되었을 때 어떠한 주택에서 사는 것이 바람직하고 어떤 제품을 이용할 수 있는지를 알게 되기를 바란다. 특히 노인주거 디자인전문가는 이 책의 내용을 근거로 하여 살기 좋은 고령친화주택 디자인 대안들을 다양하게 창출하고, 노인복지전문가는 노인관련 서비스와 프로그램을 개발하여 한 단계 더 발전시키며, 고령친화산업체에서는 노인소비자가 사용하고 싶은 복지용구와 상품을 개발하여 산업을 더욱 더 활성화하기를 기대하는 마음이 간절하다.

마지막으로 이 책이 발간되도록 도움을 주신 전남대학교 출판부의 양채열 부장님과 이 책의 편집과 출판을 맡아주신 출판부 관계자 여러분께 깊은 감사를 드린다.

작지만 영광스러운 이 결실을 하나님께 바칩니다.

2013년 2월 저자 일동

C O N T E N T S

Chapter 1.

고령친화 체험관 디자인 가이드라인

Chapter 2.

고령친화 체험관 체험프로그램

그림목차

표 목차

Chapter 1.

고령친화 체험관 디자인 가이드라인

Chapter 1.
고령친화 체험관 디자인 가이드라인

1. 디자인 가이드라인 개발개요

1) 개발배경

고령화 사회의 대두

유례없이 빠른 고령화 속도

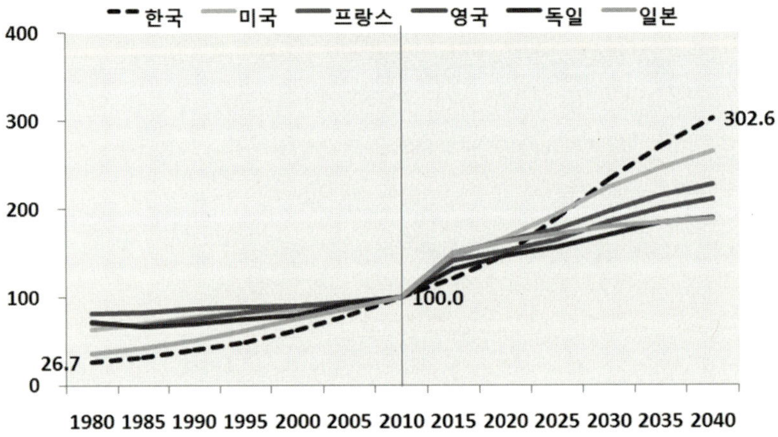

그림 1-1. 고령인구의 증가: 선진국과 BRICs, 1980-2040
자료 : 장래인구추계: 2010-2060(통계청, 2011)

현재 우리나라의 고령화 정도는 선진국에 비해 상대적으로 양호하나, 세계적으로 유례가 없을 정도로 가장 빠른 속도로 진행 중이다. 선진국의 경우 고령화 사회에서 고령사회로 진입하는데 보통 40~115년이 소요 되었으나 우리나라는 18년 만에 이행될 전망이며 초고령화 사회로 진입하는데 소요되는 기간은 8년에 불과할 것으로 예상 된다.

고령인구 증가 및 노령화 지수 급등

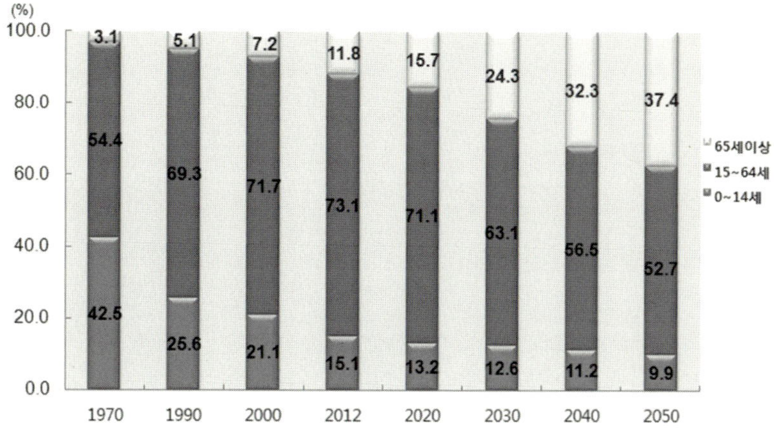

그림 1-2. 연령계층별 고령인구

자료 : 2012 고령자 통계(통계청, 2012)

2012년 현재 총인구에서 65세 이상 고령자가 차지하는 비중은 11.8%로 1970년 3.1%에서 지속적으로 증가하여 2030년 24.3%, 2050년 37.4% 수준에 이를 것이며 특히 85세 이상 초고령 인구 비중은 2012년 0.9%에서 2030년 2.5%, 2050년 7.7%로 크게 증가할 것으로 전망된다.

2012년 노령화 지수는 77.9로 유소년인구(0~14세) 100명당 65세 이상 고령자가 78명이다. 현재의 저출산이 지속될 경우 2017년에 이르면 노령화 지수가 104.1로 고령인구가 유소년인구를 초과할 것으로 전망된다.

고령화 사회 진입으로 인한 환경변화

인구고령화에 따른 고령친화제품 수요 증가

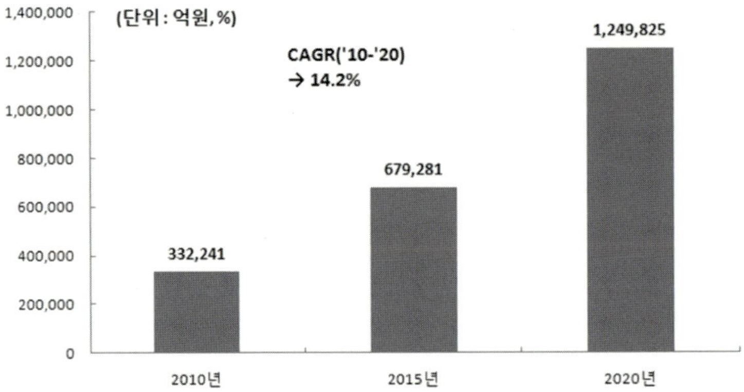

그림 1-3. 고령친화산업 시장규모 전망
자료 : 고령친화산업 현황 및 전망(한국보건산업진흥원, 2012)

1970년대 초고속 경제성장으로 '한강의 기적'을 이룩한 우리나라가 최근 고령화 속도로 또 다른 세계 기록을 세우고 있다. 예상대로라면 우리나라는 고령화 사회에서 고령사회로 가는 데 걸리는 기간은 불과 18년 정도일 것이다. 미국(73년)과 독일(40년)은 물론 일본(24년), 중국(25년)보다도 빠른 속도다. 이와 같은 급속한 인구고령화로 고령친화산업 시장규모 역시 성장이 예상된다. 실제 한국보건산업진흥원이 발표한 '고령친화산업 실태조사 및 산업분석' 보고서에서는 고령친화산업의 시장규모가 2010년 33조원에서 2020년에는 125조원으로 10년 사이 네 배 이상 급성장할 것으로 전망했다.

고령자 부양에 대한 사회 문화적 가치관 변화

과거에는 늙으신 부모님을 모시고 삼대가 모여 사는 풍경이 흔했지만 현재는 고령자들 대부분이 혼자 또는 부부끼리만 사는 등 가족 구조가 크게 변화되었다. '2011년 고령자 실태조사'에 따르면 고령자독거 19.6%, 고령자부부 48.5%, 자녀동거 27.3%로 나타나 고령자 단독가구(고령자부부+고령자독거)의 비중이 68.1%를 차지하고 있다. 이러한 가족구조의 변화로 혼자 또는 부부끼리만 사는 고령자의 생활 편의를 도모할 수 있는 다양한 고령친화산업의 수요가 증가할 것이다.

고령자의 고령친화산업 소비 창출 기대

고령자의 경제력 향상과 더불어 현재 소비 및 자신의 노후준비에도 적극성을 띄고 있어 고령자의 구매력이 증가할수록 요구를 만족시킬 수 있는 새로운 상품 개발 및 품질관리 등에 관련된 고령친화산업 육성이 필요하다.

고령친화산업에 대한 정부 지원정책 필요

현재 기업들은 고령친화 시장의 수요를 체감하지 못하고 시장진입을 주저하고 있는 실정이며 직접적인 시장이 거의 형성되지 않은 상태이다. 이를 지원하기 위해 다수부처에서 고령친화산업 관련 정책이 부서별로 추진되고 있으나 부서 간 유기적 연계 및 일관성 있는 정책 수립이 미흡하여 체계적인 지원정책 구축이 필요한 실정이다.

2) 개발필요성 및 목적

고령친화산업에 대한 홍보강화

고령친화산업에 대한 인식 결여

고령친화제품에 대한 홍보부족은 수요 활성화 및 고령친화산업 성장에 장애요인이 되고 있다. 특히 주요 소비자라 할 수 있는 고령자는 고령친화산업에 대한 인식이 부족하여 고령친화제품에 대한 공감대를 형성하지 못하고 있다. 이러한 문제점들을 해결하기위해 올바른 정보를 얻을 수 있는 홍보공간이 필요하다. 또 고령친화제품은 수요가 많지 않아 고령자들이나 수발자들이 어떤 제품을 어디에서 구매해야 하는지에 대한 정보가 거의 없는 실정이므로 판매 공간 역시 마련되어야 한다.

고령친화 체험관에 대한 낮은 인지도

현재 일부 도시에서 고령친화용품, 기기, 식품, 요양서비스, 레저문화 프로그램 등을 직접 체험할 수 있는 고령친화 체험관을 운영하고 있으나 아직 일반 소비자들은 이러한 체험관이 있는지 조차 모른다. 이에 고령친화산업과 고령친화 체험관에 대한 홍보를 효과적으로 할 수 있는 인프라를 구축하는 것이 시급하다.

고령친화산업에 대한 정보제공 역할

고령친화산업 공급자와 수요자 간의 중간매개체 역할

고령친화 체험관이라는 홍보창구를 통해 체험기회를 제공함으로써 수요자들의 인지도를 높일 수 있다. 특히 고령친화 체험관을 고령친화산업에 대한 각종 정보를 얻을 수 있는 토탈 커뮤니케이션 공간으로 구축하여 일반 소비자들의 제품 구매를 촉진할 수 있도록 한다.

국내 외 신기술 정보제공 공간

국내·외 신기술과 시장 정보 및 관련된 통계자료 등이 부족해 해당 제품에 대한 시장동향 파악이 어려운 실정이므로 국내 외 시장동향과 신기술에 대한 정보를 얻을 수 있는 공간이 필요하다.

고령친화산업에 대한 수요 조사 필요

고령친화 체험관을 방문하는 방문자들의 수요조사를 통해 고령자의 니즈를 파악하고 이를 산업체에 전달하여 추후 개발되는 고령친화제품에 이러한 니즈들이 적용될 수 있도록 한다.

3) 개발방법

이론적 고찰

보고서, 논문, 세미나, 관련 홈페이지 등 국내·외 광범위한 자료 등을 수집하여 비교 및 분석 후 디자인 가이드라인의 근거자료로 활용하였다.

유사기관 사례분석

국내·외 유사기관 사례를 통해 실내공간구성 및 동선, 전시·체험 콘텐츠 등을 분석하였다.

국내 관련 기관 답사

- 성남 임시고령친화 체험관
- 대구 고령친화 체험관 답사
- 송도신도시 투모로우시티 유비쿼터스 체험관 답사

국외 관련 기관 답사

- 후카자와 환경공생주택 답사
- 실버피아 답사
- 미드타운 답사
- 빅사이트 동경 인테리어 박람회
- TOYOTA 유니버설디자인 쇼룸 관람
- 기타 관련 쇼룸 답사

전문가 자문

각 분야별 전문가 자문위원회 구성

고령친화 체험관 디자인 가이드라인 개발을 위해 유니버설 디자인, 친환경디자인, 유비쿼터스 디자인, 전시디자인 등의 전문가 및 실무자들을 중심으로 자문위원회를 구성하여 이들의 자문자료 및 자문회의를 통한 의견들을 디자인 가이드라인 내용에 반영하였다.

학술대회 및 심포지움 개최

고령친화 체험관 디자인 가이드라인 개발을 위해 유니버설디자인, 친환경디자인, 유비쿼터스 디자인, 전시디자인 등에 대한 현황 파악과 전문가 및 실무자들의 의견들을 참고하기 위해 학술대회 및 심포지움을 개최하였다.

| 고령친화 디자인과 교육 및 체험프로그램 개발 |

- 주제발표1 : 유비쿼터스 시스템을 적용한 고령친화주거1
  (원광대학교 건축학과 윤기병 교수)
- 주제발표2 : 고령자와 유니버설 디자인
  (연세대학교 주거환경학과 이연숙 교수)
- 주제발표3 : 고령친화 체험관 교육 및 체험프로그램
  (대구 시니어 퓨전 체험관 김재원 팀장)
- 참 석 자 : 강연자 외 고령친화산업 관련 전문가 및 실무자, 관련학과 전공 교수 및 학생 등

| 고령친화 디자인 가이드라인 개발 |

- 주제발표1 : 고령자주택의 친환경 디자인
  (울산대학교 주거환경학과 유복희 교수)
- 주제발표2 : 유비쿼터스 시스템을 적용한 고령친화주거2
  (원광대학교 건축학과 윤기병 교수)
- 토 론 자 : 경희대학교 주거환경학과 김미정 교수,
  (동신대학교 건축학과 손승광 교수)
- 참 석 자 : 강연자 외 고령친화산업 관련 전문가 및 실무자, 관련학과 전공 교수 및 학생 등

2. 고령친화산업과 전시체험관

1) 고령친화산업과 고령소비자

고령친화산업 개념 및 대상

고령친화산업 개념

고령친화산업은 고령자의 생물학적 노화 및 사회·경제적 능력 저하를 보이는 고령자를 대상으로 정신적, 육체적 건강, 편의, 안전을 도모하기 위한 상품 및 서비스를 제공하는 산업을 의미하며 시장경쟁원리에 따라 영리를 추구한다는 점에서 소외계층 위주의 비영리 사회복지산업과는 구분된다. 고령친화산업 진흥법에서 정의하는 고령친화산업은 고령친화제품 등을 연구, 개발, 제조, 건축, 제공, 유통, 판매하는 업을 의미한다.

고령친화산업의 분류

고령친화산업에 관한 분류체계는 아직 명확히 정립되지 않았으나 고령화 및 미래사회 위원회는 고령친화산업을 14대 부문 34개 품목으로 구분하고 있다(표1-1 참조).

고령친화산업 대상

우리나라 고령친화산업진흥법은 고령자를 주요 수요자로 하는 제품, 주택, 시설 또는 서비스가 그 대상이 됨을 명시하고 있으며 모든 영역에 있어 고령자의 특성을 반영한 제품 및 서비스 영역이 고령친화산업의 정책대상이다.

표 1-1. 고령친화산업 분류체계

산업 분류	분류체계	
	대분류	중분류
고령친화 요양 산업	시설요양서비스	고령자요양시설, 고령자요양공동생활가정
	재가요양서비스	방문요양서비스,방문목욕서비스,방문간호서비스, 주야간보호서비스, 단기보호서비스, 복지용구 제공 및 지원서비스
	예방지원서비스	건강검진서비스, 질병상담 및 관리서비스, 영양개선서비스, 운동기능향상 서비스
고령친화 의약품 산업	신경계용약	치매용제, 알츠하이머용제
	대사성의약품	비타민제, 자양강장변질제, 당뇨병치료제
	순환계용약	고혈압용제, 동맥경화용제
	해열진통소염제	해열진통소염제
	안과용제	안과용제
	전립선치료제	전립선치료
	종양치료제	종양치료제
고령친화 식품 산업	식품	특수의료용도식품, 두부류 또는 묵류, 전통·발효식품(장류, 김치류, 젓갈류, 절임식품 포함)
	건강기능식품	건강기능식품
고령친화 화장품 산업	기초 제품류	노화방지 화장품(주름개선 및 완화), 피부미백 및 검버섯 제거 화장품, 자외선 차단 및 방지 화장품
	색조제품류	피부색 보정 화장품
	바디제품류	피부 건조 및 가려움 개선 화장품, 체취 방지용 화장품(데오도란트, 향수류)
	헤어케어류	탈모 방지용 화장품, 염모용 화장품
고령친화 의료기기 산업	치과 분야	치과용금속, 치관용재료, 의치상재료, 치관용근관 충전 및 치료재, 치과용접착 및 충전재료, 치과용인상재료, 치과용왁스, 치과용모형재료 및 매몰재, 치과용 연마재료, 보철재료, 치과용매식재료, 예방치과재료, 보철물분리재료
	재활 분야	정형용품, 부목, 정형 및 기능회복용기구, 환자운반차, 시력보정용안경, 시력보정용렌즈, 보청기, 인체조직 및 기능대치품
	진단 분야	의료용엑스선장치, 비전리진단장치, 방사선진료장치, 체온측정용기,혈액검사용기기, 혈압검사 또는 맥파검사용기기, 검안용기기, 청력검사용기기, 지각 및 신체진단용기구

자료 : 고령친화산업 현황 및 전망(한국보건산업진흥원, 2012)

산업분류	분류체계	
	대분류	중분류
고령친화 의료기기 산업	치료 분야	의료용침대, 호흡보조기, 내장기능대용기, 이학진료용기구, 개인용전기자극기, 침 또는 구용기구, 의료용자기발생기
고령친화 용품산업	개인건강·의료용품	건강측정용품, 호흡기 치료용품, 투약용품, 욕창예방용품, 온열·한냉용품, 안마기, 자극기, 한방기기, 신발·의류, 신체보호용품
	기능저하 예방용품	유산소운동용품, 근력운동용품, 기능훈련용품, 근력 및 운동기능 측정용품
	이동기기	한 손 조작 보행용품, 보행보조기, 복지차량, 수동휠체어, 전동휠체어, 전동스쿠터, 자세변환용구, 리프트, 보행보조기 부속품, 휠체어 부속품, 자동차 개조용 부품
	목욕용품	목욕보조용품, 기타 목욕 용품
	배변용품	배변처리기, 기저위 용품, 화장실 용품
	침구용품	침대, 매트리스·모포 및 배개, 침대용 탁자, 침대부품
	가사용품	취사용품, 세척용품, 식사용품, 청소용품, 의류제작 및 수선용품, 탁자
	주거설비용품	조명기구, 의자용가구, 수납가구, 가구높이조절장치, 안전손잡이, 문·창·커튼 개폐장치, 주택용 건축부품, 수직승강장치, 건축물용 안전장치
	정보통신기기	시각용품, 청각용품, 발성용품, 그리기·글쓰기 용품, 전화기·통화용 기기, 신호표시기·경보기
	여가용품	완구, 게임, 스포츠용품, 악기, 사진용품, 수공예용품, 애완용품
고령친화 금융산업	장수리스크	개인연금(즉시연금보험 포함), 기업연금(퇴직연금), 주택연금(역모기지)제도
	건강리스크	건강보험(암보험, 상해보험 포함), 장기간병보험
	재무리스크	자산관리서비스(PB, WA, FP)
고령친화 주거산업	주택 개보수	주택 개보수
	고령자 주택공급	고령자 주택공급
고령친화 여가산업	스포츠	경기업, 정보업, 시설운영업
	문화	고령친화방송, 영화, 음악 및 공연, 공예, 문화오락센터, 기능성게임, 정보제공 웹사이트
	관광/레저	국내관광, 해외관광, 복권, 카지노, 경마, 놀이공원, 고령친화 휴양단지

고령친화산업 특성

중소기업 중심 산업

고령친화산업은 향후 큰 시장규모로 발전할 산업으로서 다양하고 변화에 민감함과 동시에 세분화된 소형시장 등으로 구성되어 있어 소품종 대량생산에 적합한 대기업에 비해 다품종 소량생산에 적합한 중소기업 중심의 산업이며 그 다양성만큼이나 개별품목의 생산에 투입되는 기술 역시 다양하다. 특히 고령자의 특성(물리·사회·심리·경제적 특성, 노화·노인성질환 등)에 따라 소비성향이 다양하므로 맞춤형이며 일정하지 않고 변화한다.

수요의 지속적인 증가

인구의 고령화 및 과학기술 발달에 따른 새로운 고령친화제품의 출현과 법·제도의 개선으로 고령친화산업에 대한 다양한 수요가 예측된다. 이에 따라 고령친화산업에 대한 수요 및 시장의 규모가 꾸준히 증가할 것으로 예상된다.

융·복합 기술산업

소프트웨어와 하드웨어 및 생활환경의 결합에 의하여 고령자가 선호하는 제품과 서비스가 결정되므로 IT, BI, CT, NT, ET의 결합은 물론 주거환경, 복지환경 및 생활시스템의 결합에 의하여 완성된다고 할 수 있다.

지역밀착형 산업

고령자는 지역사회에 기반을 두고 생활을 하며 특히 주요 생활이 주거지역 중심으로 이루어지므로 생활지원, 건강·의료, 케어 등의 서비스 공급은 지역 밀착형으로 대응해야 한다.

공익성과 수익성의 병존

고령친화산업은 수요자에게 복지를 제공하므로 공익적 측면과 민간사업자의 수익성 확보가 함께 병존하는 특성을 갖고 있다.

고령자의 소비성향에 대한 이해

능동적인 고령소비자 증가

우리나라 고령자들은 10여년 전만해도 대부분 자녀들에 의해 가정에서 부양되었으며 자녀들에게 재산을 물려준 후 자녀들이 주는 용돈에 의지하며 필요용품 조차 대부분 자녀들에 의해 구매되었으나 경제력 있는 고령자들이 늘어나면서 자녀에 의지하기보다는 독립된 생활을 즐기려는 경향이 강해지고 있다(표1-2, 참조). 특히 노후생활을 대비한 저축 증대와 국민연금 등의 확대로 노후 소득원이 보장되고 개인주의적인 서구적 가치관이 확산되면서 고령자 자신들을 위한 능동적인 소비가 크게 늘어나고 있는 실정이다.

표 1-2. 연령별 노후대비 경제적 준비율 및 충분성

구분	경제적 준비율	경제적 충분성					
		매우충분	충분	보통	조금 부족	매우부족	계
45~49세	72.7	2.7	9.4	36.5	37.6	13.7	100.0 (255)
50~54세	70.4	1.8	7.6	41.5	32.2	17.0	100.0 (171)
55~59세	64.4	5.2	13.7	35.9	30.1	15.0	100.0 (153)
60~64세	57.6	4.0	10.9	40.6	28.7	15.8	100.0 (101)
전체	67.6 (685)	3.2 (22)	10.1 (69)	38.2 (260)	33.2 (226)	15.1 (103)	100.0 (680)

자료 : 고령친화용품 소비실태 및 만족도에 관한 연구(한국보건사회연구원,2009)

고령소비자의 구매행태

가격에 대한 낮은 민감성

일반적으로 고령자는 상품선택 시 제품보다 서비스를 중요시 여기는 경향이 있고 젊은 소비자보다 가격에 덜 민감한 편이다.

사용해 본 상품 고수

고령자는 이미 사용하는 상품에 대한 애호도가 높고 다른 상품으로 전환하는 경향이 낮게 나타나는데 이는 고령자가 새로운 상품에 적응하기보다 현재 상품을 고수하여 기회비용을 줄이려는 보수적 성향 때문이다.

느낌과 감각 중시

고령소비자는 어떤 장소에서 식사하거나 구매할 때 장소의 전반적인 느낌과 분위기를 중시하는 경향이 있다. 특히 시력과 기억력 저하로 원색 계통을 선호한다.

구매행동 지연

구입하기 전 망설임은 고령자의 특징적인 행동이며 위험과 불이익에 대한 경계심이 늘어나는 데서 오는 심리적 반응으로 오랜 경험 끝에 오는 심리적 특성으로 볼 수 있다.

사용 간편한 제품 애호

고령자는 구매한 상품이 후속처리가 많아 번거로운 것을 매우 싫어하며 값이 비싸더라도 이것만 있으면 만사형통이라는 식의 간단한 사고방식을 가지고 있어 안전하게 이용할 수 있는 고부가가치의 완제품을 선호한다.

선택의 다양성 선호

고령자는 본인의 미래에 대한 선택이 좁다는 강박관념을 갖고 있다. 특히 구매행동에서 다양함을 추구하여 보상받으려는 심리가 있어 상품구입이나 여행상품을 고를 때 다양한 선택의 가능성이 있는 것을 선호한다.

구매행동에 따른 보상기대

고령자는 오늘날 젊은 세대가 누리는 편리함과 자유가 자신들의 희생결과라고 생각하며 이에 대한 어떤 보상을 받고자 하는 심리가 있다. 특히 자기들의 희생과 헌신에 대해 자녀가 존경하고 있다는 것을 알게 되면 기쁨을 느끼기도 한다. 이러한 심리는 구매 행동 시에도 적용된다.

고령소비자를 위한 마케팅 특성

서비스 지향형

고령자는 일반적 상품이나 서비스에 대한 다양한 경험을 갖고 있으므로 이들의 욕구를 충족시키기 위해서는 보다 높은 차원의 서비스를 제공해야 하며 특히 건강, 생명에 대해서는 최상급의 서비스를 제공해야 한다.

다품종 소량형

고령자의 상품이나 서비스에 대한 요구가 보다 다양해지고 고급품을 찾는 경향이 커질 것으로 예상된다.

여성 주도형

2010년 현재 65세 고령자의 기대여명은 남자(17.2년)보다 여자(21.6년)가 4.4년 더 많은 것으로 나타나 앞으로 고령친화산업은 여성이 주도하게 될 것이다.

표 1-3. 기대여명(65세 이상, 2010년) (단위 : 년)

	전 체	남 자 (A)	여 자 (B)	남 녀 차이 (B–A)
65세	19.7	17.2	21.6	4.4
70세	15.8	13.5	17.3	3.8
80세	9.1	7.6	9.8	2.2

자료 : 생명표(통계청, 2011)

시간소비형

고령자의 관심은 여가를 어떻게 즐길 것인가에 있게 마련인데 시간을 효율적으로 활용하는 서비스보다는 시간을 충실하게 소비할 수 있는 서비스가 보다 더 잘 팔릴 것으로 예상된다.

2) 고령친화 체험관과 공간마케팅

전시체험관 개념 및 특성

개념

전시체험관은 직접적인 체험을 우선시하여 전시관을 꾸미는 것으로 Hands-on전시라고도 한다.

관람자의 전시물 직접 체험

전시체험관은 체험을 극대화 할 수 있도록 관람자의 자발적 동기를 유발하여 관람객 스스로 현장에서 자신의 관람행위를 직접 설계하면서 전시품과 상호작용 하도록 한다. 특히 전시품의 교육목적을 확실히 이해하고 능동적인 학습태도를 형성할 수 있도록 배려해 주며 시각에 의해 얻는 정보뿐만 아니라 전시물의 질감, 온도 등을 직접적으로 감지함으로서 많은 정보를 얻을 수 있다.

인간과 문화의 접점 공간

전시체험관은 인간과 문화가 접하는 접점공간으로서 다양한 체험을 제공하는 비일상적 유희공간으로서 그 환경적 가치가 중요하다 볼 수 있다. 체험은 자동적으로 만들어지는 것이 아니라 유도되는 것이므로 전시공간에서 관객의 흥미를 자극하고 적극적인 참여를 유도할 수 있도록 분위기를 의도적으로 계획하는 것이 중요하다.

표 1-4. 체험적 전시 유형분류

<table>
<tr><th>구분</th><th colspan="2">연출종류</th><th>전시방법</th></tr>
<tr><td rowspan="7">직접 체험</td><td colspan="2">조작식 전시</td><td>주로 손을 이용하여 전시물을 조립, 해체, 조작하는 등 직접 만지거나 행위를 해보는 방법</td></tr>
<tr><td colspan="2">인터렉티브전시</td><td>관람객과 전시물과의 대화 방식을 통해 정보를 주고받는 방법으로 선택에 의한 영상관람, 정보제공 등</td></tr>
<tr><td colspan="2">참여전시</td><td>전시의 진행을 선택이 많은 어느 한쪽으로 진행하는 방법이나 관람객의 대답이나 참여를 통한 진행방법</td></tr>
<tr><td colspan="2">시연전시</td><td>관람객의 신체일부를 이용한 직접적인 행위를 통한 정보 전달을 꾀하는 방법이며 공예, 공방 등의 체험학습으로 많이 활용</td></tr>
<tr><td colspan="2">실험전시</td><td>주로 실험을 통한 원리 체득하는 방법으로 주로 과학관이나 이벤트에서 많이 사용</td></tr>
<tr><td colspan="2">놀이전시</td><td>전시내용을 소재로 한 게임이나 퀴즈, 놀이 등을 통해 전시내용을 이해하는 방법</td></tr>
<tr><td colspan="2">현장체감 전시</td><td>현장을 재현하여 그 곳에 직접 가 있는 듯한 분위기를 느껴보는 방법, 영화의 셋트장, 쥬라기 공원 등의 재현 등</td></tr>
<tr><td rowspan="5">간접 체험</td><td rowspan="3">영상전시</td><td>정지영상 전시</td><td>사진이나 그림 자료 등을 이용한 보조적인 설명을 꾀하는 전시방법, 주로 슬라이드 영상이나 컴퓨터를 이용하여 전시</td></tr>
<tr><td>동적영상 전시</td><td>전시물의 설명이나 주제전달을 위한 보조적인 영상물 또는 주제를 내용으로 영화처럼 만들어 관람하는 전시영상 프로젝터, TV영상모니터 등을 많이 이용함</td></tr>
<tr><td>특수영상 전시</td><td>3D입체영상, 몰입형, 대형영상, 시뮬레이션 영상 등 대형영상이나 오감체험 시스템, 좌석의 움직임부여 등 방법을 통해 박진감 넘치는 영상을 구현하는 방법</td></tr>
<tr><td colspan="2">모형, 디오라마전시</td><td>현재에 없거나 가기 어려운 곳의 현장 또는 상황을 설명적으로 전시하는 방법</td></tr>
<tr><td colspan="2">특수연출전시</td><td>영상과 모형, 움직임, 변화 등 다양한 전시 매체의 복합적인 연출방법</td></tr>
</table>

자료 : 디자인 체험전시관의 전시공간구성 및 연출에 관한 연구(고도재, 2003)

예술과 기술이 접목된 공간

21세기 디지털 기술의 발달로 공간디자인은 사회적, 기술적, 예술적 제반 요인이 복합적으로 작용하여 형성되는 문화현상에 영향을 받게 되었다. 특히 공간을 정해진 동선에 따라 경험하게 되는 전시공간의 경우 발전된 기술을 접목하여 공간의 물리적 요소뿐만 아니라 내재적인 심리적·행동적 현상에도 중점을 두어 인간과 공간의 상호작용을 지원할 수 있는 방향으로 발전하고 있다.

전시체험공간과 인터랙션디자인(Interaction Design)

일반적인 전시연출들이 관람자들의 수동적 입장에서 정보를 취해 왔다면 작용과 반응의 산물인 인터랙티브(interactive) 전시연출은 능동적이며 참여적 자세를 취해야만 정보를 얻을 수 있는 특성을 지니고 있다. 체험자는 자신의 행동과 반응으로 상호작용하는 멀티미디어 인터페이스를 통해 정보 획득 뿐 아니라 만족감과 재미적인 요소까지 느낄 수 있다. 이는 감각과 지각의 인지 작용을 통해 관람자의 감성을 자극하고 상호작용하는 진정한 전시커뮤니케이션이라 할 수 있다. 최근 들어 시각적 반응만이 아닌 촉각, 후각이라는 다른 감각기관의 대응 방법 개발로 인터렉션 인터페이스 환경은 인간의 지각능력 부분을 완벽하게 반영하여 전시공간과 더불어 전혀 다른 새로운 환경을 만들어 낼 수 있게 되었다(표1-5 참조).

전시체험관과 공간디자인 마케팅

공간디자인 마케팅의 개념

공간디자인 마케팅은 어떤 목적에 의해 제공 된 공간 자체가 소비자의 욕구를 충족시켜 주거나 공간을 매개로 한 소비자체험을 통해 기업 및 브랜드 이미지 제고에 도달하는 총체적인 마케팅 활동이다.

마케팅 관점에서 본 공간 유형

마케팅 관점에 있어 공간 유형은 공간이 소비를 위한 마케팅의 직접적인 대상인지, 공간을 매개로 소비자를 설득하는 마케팅 활동이 가능한 지 여부에 따라 직접 마케팅과 간접 마케팅으로 공간으로 구분할 수 있다. 즉 직접 마케팅은 분양이나 임대 등의 방법으로 소비자에게 직접적인 마케팅 대상이 되는 공간이며 간접 마케팅은 기업의 마케팅 관련 공간으로 '생산 공간, 다양한 형태의 매장, 소비자 혜택 공간'의 세 가지 유형으로 구분이 가능하다(표 1-6 참조).

표 1-5. 일반전시연출과 뉴미디어 인터렉션 전시연출 비교

일반 전시연출	뉴미디어 인터렉션 전시연출
물리적 단일 공간에서만 가능	디지털화 된 인터페이스를 통한 가상 공간 제공으로 공간성 확장
수동적이며 강제적	능동적인 참여-체험
단일매체를 사용 단순 단답형 내용 제공	다양한 첨단매체들의 융합 리얼타입 시스템으로 복합적인 내용을 즉각적으로 반응, 제공

자료 : 어린이 디자인 체험전시관의 공간구성 및 전시연출(고도재, 2003)

표 1-6. 직접 마케팅과 간접 마케팅 공간 사례

구 분		사 례
직접 마케팅	공간상품	공간자체가 직접적인 마케팅 대상인 상품으로 분양비나 임대 형태로 소비되는 공간 ex) 아파트, 주상복합 등 주거공간, 오피스텔, 콘도미니엄, 레포츠 시설, 상가, 분묘, 납골당  
간접 마케팅	생산공간	기업의 제품이나 서비스 생산 공간 ex) 공장, 기업사옥 지점  
	소비공간	기업이 생산한 제품이나 서비스의 소비 공간 ex) 플래그쉽 스토어, 체험매장, 쇼핑몰  
	소비자 혜택공간	마케팅 환경의 변화와 소비자 요구를 수용하여 기업 이미지 및 브랜드이미지 제고를 목적으로 한 공간 ex) 기업홍보관, 브랜드체험관, 주택문화관, 기업 박물관, 미술관 등  

고령친화 체험관을 통한 공간디자인 마케팅 전략

수요 창출 공간

고령자 층은 자산과 가처분소득은 많아 구매할 필요가 없다고 생각하는 경향이 있으므로 고령친화 체험관은 고령자의 새로운 소비수요를 불러일으킬 수 있는 구체적인 마케팅 전략을 펼쳐 이러한 의식들을 변화시킬 수 있는 공간이 되어야 한다.

삼 세대 통합 공간

주로 고령자 층을 공략하되 동시에 자식세대인 중년층과 손자세대인 청소년층까지를 함께 겨냥하는 것이 효과적이므로 삼 세대 모두가 편하게 이용할 수 있는 공간을 계획한다.

소프트측면 마케팅 지원 공간

상품자체의 품질도 중요하나 사용법, 사용가치에 대한 설명, 정보제공, 판매 후 관리 등 소프트 측면의 마케팅 활동의 강화가 요구되므로 고령친화 체험관에서는 직접 체험을 통해 정보를 얻을 수 있고 구매 후 A/S서비스도 편리하게 받을 수 있는 공간을 마련하는 것이 효과적이다.

불안해소 공간

고령자는 건강, 노후생활, 재산관리 등 불안감이 많으므로 고령소비자의 불안심리 해소에 최대한 마음을 쓴 마케팅이 바람직하다. 이를 위해 편리하고 친환경적이며 미래 지향적인 느낌의 고령친화 체험관 실내 공간 계획은 이러한 불안들을 해소하는데 기여할 수 있을 것이다.

효율적 전시 공간

고령자의 다양한 욕구 및 구매행동에 초점을 맞춰 다품종소량의 용품들을 효율적으로 전시하여 체험효과를 극대화 시킬 수 있는 공간을 계획한다.

3. 고령친화 체험관 디자인 가이드라인

1) 디자인개념

유니버설 디자인 Universal Design

UD 배경

우리사회가 급격히 고령사회로 진입하고 있고 산업화 결과로서 교통 및 재해사고 증가에 따른 장애인 증가 그리고 정보화, 세계화, 민주화에 따른 가치의 다원화 등으로 초기산업사회의 테일러리즘, 즉 표준화와 생산성을 목표로 진화된 '평균 디자인(average design)'은 이미 유효하지 않게 되었다. UD(Universal Design)는 선진국에서는 건축 및 디자인 분야의 주요한 개념으로 다루어지고 있으며 우리나라에서도 90년대 중반이후 개념이 소개되면서 다양한 연구가 이루어지고 있다.

UD 개념

유니버설 디자인은 장애를 지녔던 미국 노스캐롤라이나 대학의 로널드 메이스(Ronald Mace)가 1990년대 디자인에 대한 사고방식과 이상 등을 제창한 것이 시초가 되었다. UD(Universal Design)은 최대한 많은 사람들이 만족할 수 있게 하고 생애주기와 세대를 초월하며 '장애인'을 특별 취급한 '배리어프리(barrier-free) 디자인'의 개념을 능가하는 개념이며 디자인으로 차별성이 배제된 개념이고 시장성 측면에서도 소득을 증대시킬 수 있는 잠재력을 지닌 디자인이다(이연숙, 2005).

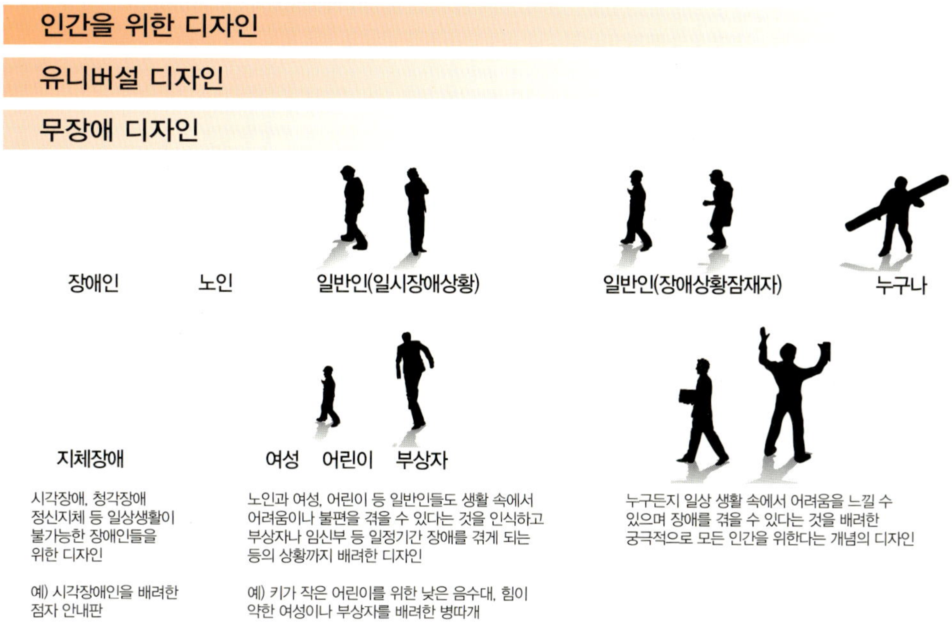

그림 1-4. 유니버설 디자인의 범위

자료 : 공공시설에 적용된 사용자 측면의 유니버설 디자인 평가방법에 대한 연구(김연주, 2008)

UD 원리

기능을 지원하는 디자인(Supportive Design)

기능상 필요한 도움을 제공하고 이러한 도움을 제공함에 있어서 사용자에게 불필요한 부담을 야기해서는 안된다.

예) 작업 표면을 밝히는 조명, 조도조절과 방향조절이 가능한 조명, 섬광이 없고 청소가 용이한 작업표면 등

적용 가능한 디자인(Adaptable Design)

적용 가능성은 다양한 요구에 부응할 수 있는 제품과 환경을 의미한다.

예) 인간공학적 의자, 작업면의 높이 조절이 가능하고 상판분리가 가능한 워크스테이션 등

접근 가능한 디자인(Accessible Design)

접근성이란 장벽의 제거를 의미한다. 장벽이란 태도와 물리적인 것 둘 다를 포함하며 대부분의 장애물(이동, 의사소통, 복지에 있어서)들은 많은 사람들의 접근을 방해하기 때문에 유니버설 디자인은 접근성을 고려해야 한다.

예) 휠체어에 앉아서도 쉽게 손이 닿을 수 있도록 설치된 스위치, 더 넓고 표준화된 출입문의 사용, 장애물이 없는 여행경로의 개발 등

안전한 디자인(Safety-oriented Design)

안전한 디자인은 건강과 행복을 가져다주고 교정과 예방을 지향한다.

예) 대조적인 색채와 패턴을 사용하여 단차 표시, 둥근 모서리의 책상과 캐비닛 사용, 음향신호와 조명신호 모두 가능한 경보장치 등

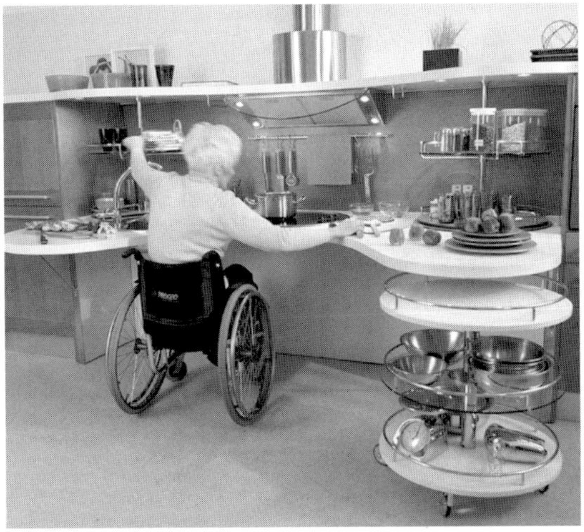

그림 1-5. Snaidero Universal Design Kitchens
자료 : www.dwell.com

커뮤니케이션이 가능한 디자인 (Communication-oriented Design)

사용자의 지각능력에 상관없이 필요한 정보(사용방법, 지시사항 등)를 효과적으로 전달하며 환경이 사용자에게 어떻게 행동할 것인지 암시한다.

예) 병원이나 지하철 내 안내 사인물, 이해하기 쉬운 픽토그램 등

UD 7가지 원칙

원칙 1. 공정한 사용성(Equitable Use)

모든 이용자에게 똑같이 전달될 수 있고 누구나 사용이 가능하다.

그림 1-6. Apollon Lamp
자료 : http://www.ncsu.edu/project/design-projects/udi/

원칙 2. 사용 시 유연성 확보(Flexibility in Use)

광범위한 개인의 능력이나 기호에 유연하게 적응할 수 있다.

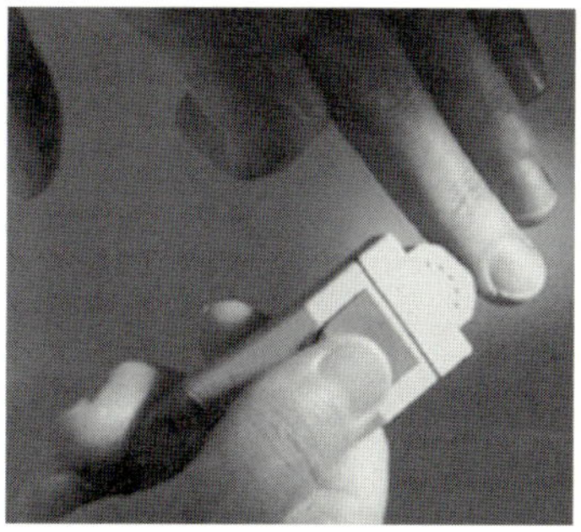

그림 1-7. Bayer Microlet
자료 : http://www.ncsu.edu/project/design-projects/udi/

원칙 3. 간단하고 직관적인 사용법 추구 (Simple & Intuitive Use)

이용자의 경험이나 지식 등과 무관하게 누구든 직감적으로 쉽게 이해할 수 있고 사용법이 명확하다.

그림 1-8. MAE Ticket Vending Machine
자료 : http://www.ncsu.edu/project/design-projects/udi/

원칙 4. 모든 감각을 통해 이해될 수 있는 정보성 배려
(Perceptible Information)

필요한 정보가 환경이나 사용자의 능력에 관계없이 정확하게 전달된다.

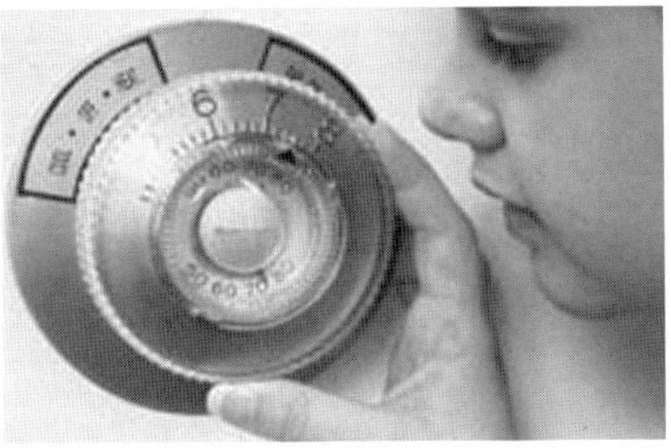

그림 1-9. 촉각적, 시각적, 청각적인 단서를 이용한 온도계

자료 : http://www.ncsu.edu/project/design-projects/udi/

원칙 5. 사고방지와 오작동에 대한 수용(Tolerance for Error)

위험성, 사고 및 의도하지 않은 행위로 인한 불리한 결과와 장애를 최소화한다.

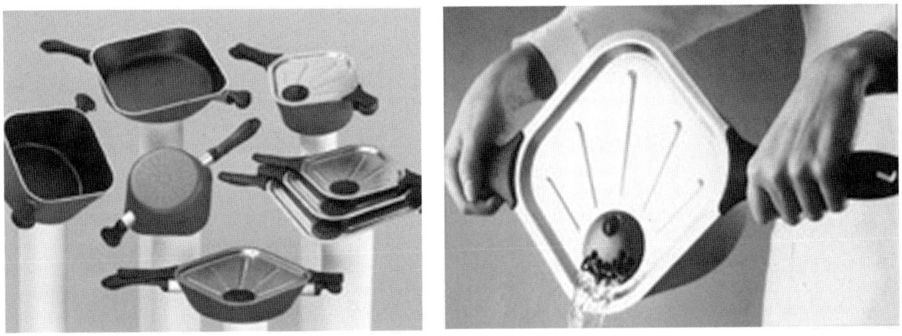

그림 1-10. Allegro Cookware

자료 : http://www.ncsu.edu/project/design-projects/udi/

원칙 6. 신체적 부담의 경감(Low Physical Effort)

신체에 부담을 느끼지 않고 자유롭고 쾌적하게 사용할 수 있다.

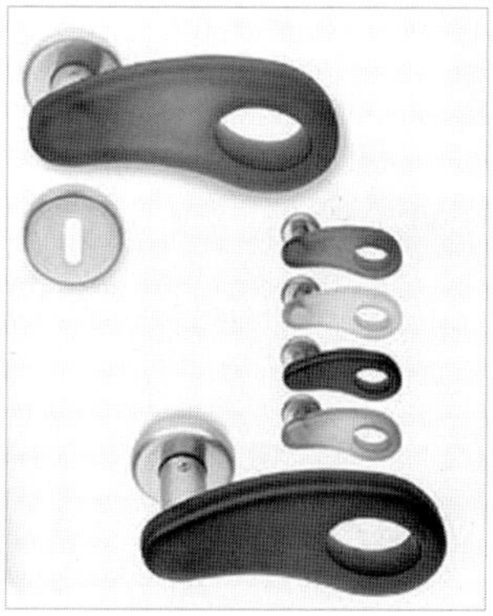

그림 1-11. Ludus Lever Door Handle
자료 : http://www.ncsu.edu/project/design-projects/udi/

원칙 7. 사용에 적합한 공간의 크기와 넓이 (Size & Space for Approach and Use)

사용자의 체형, 자세, 사용, 상황에 관계없이 접근과 조작이 용이한 크기의 공간을 제공한다.

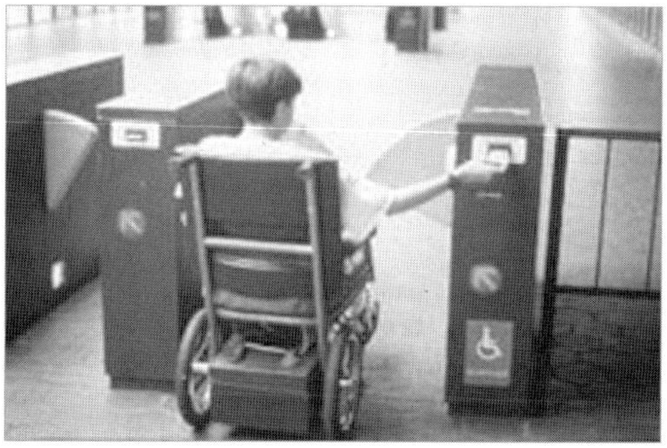

그림 1-12. 지하철의 넓은 출입문: 모든 사람이 사용하기 편리함
자료 : http://www.ncsu.edu/project/design-projects/udi/

UD 달성도 평가기준 : PPP (Product Performance Program)

개발배경

일본의 사토시(Satoshi)는 개발 중이거나 시중에 나와 있는 디자인의 UD달성도를 객관적으로 평가하기 위해 UD 7가지 원리를 기초로 한 PPP(Product Performance Program)라는 평가기준을 개발하였다.

구성

PPP는 차세대 산업기술 및 UD사상과 기술을 바탕으로 개발된 디자인을 평가하는 시스템으로 UD 7개 원칙에 3개의 부칙(내구성과 경제성 배려, 품질과 심미성 배려, 인체 무해 및 친환경성 등)을 더한 10개 원리를 기초로 UD의식과 달성도를 평가하는 55항목의 가이드라인으로 구성되어 있다(표 1-7 참조).

개발목표

디자인 성과를 통해서 또는 디자인을 평가하는 입장에 있는 사람들의 감성이나 경험을 통해, 그리고 디자인하는 당사자의 의식을 통해, 디자인 가운데 UD적 사고가 어느 정도 달성되어 있는가를 객관적으로 평가하는 것을 목적으로 개발되었고 평가결과를 수치로 표기하거나 레이더 그래프로 정리해 가시화 할 수 있다.

PPP의 장점

개발자 자신의 '호기심'을 충족시키기 위한 생생한 평가시스템으로 디자인 또는 제품 기획 전문가의 입장과 전문성을 넘어 사용할 수 있는 도구이다. 특히 다양한 기업 자산을 살려 브랜드파워를 향상시키고 제품디자인을 개선시키는 등 다양한 상승효과를 기대할 수 있다.

표 1-7. PPP 평가 가이드라인 예시

원칙	평가 가이드라인 예시	
원칙1. 공평한 사용에 대한 배려	3. 선택권 제공	동일한 제품을 전혀 사용하지 않는 사람에게도 가능하면 그것과 동일하거나 비슷한 제품이 준비되어 있습니까?
원칙2. 사용에 있어서의 유연성 확보	7. 주로 쓰는 손의 수용	오른손잡이든 왼손잡이든 거부감 없이 사용할 수 있습니까? 그렇지 않으면 오른손잡이용, 왼손잡이용을 선택할 수 있도록 되어 있습니까?
원칙3. 간단하고 명쾌한 사용법 추구	15. 조작에 대한 실마리와 회답	조작에 대한 힌트나 피드백이 있습니까? 조작과정에서 어느 정도 진행 중인지 알 수 없는 경우는 없었습니까?
원칙4. 모든 감각에 대한 정보성배려	20. 파악하기 쉬운 사용상의 구조	제품의 여러 가지 부분(손잡이, 스위치 등)은 확실히 구분되고 인지 가능하여 사용자뿐만 아니라 제삼자에게도 간단하게 설명할 수 있도록 되어 있습니까?
원칙5. 사고방지와 오작동에 대한 수용	22. 사고를 방지하는 기본 구조와 구성	제품의 기본적인 구조와 구성에 있어서 사용을 위한 요소(스위치 등)의 배치가 사용자의 실수로 인해 사고로 연결되지 않도록 고려되어 있습니까?
원칙 6. 신체적 부담 경감	30. 적당한 힘으로 제어	다양한 사용자가 예상외의 반응이나 고통으로 괴로워하지 않고 신체에 무리한 부담을 가하지 않도록 적절한 힘으로 사용할 수 있도록 되어 있습니까?
원칙7. 사용하기 용이한 사용공간과 조건확보	37. 보조, 개조의 여지	사용자가 보조장비를 사용하고 있거나 도움이가 옆에 있어도 그 제품을 사용하기 위한 크기나 넓이가 확보되어 있습니까?

자료 : 유니버설 디자인 매뉴얼(나카가와 사토시, 2005)
주 : 55개의 평가 항목 중 일부임

디자인 사례

토요타 유니버설 디자인 쇼케이스 (Toyota Universal Design Showcase)

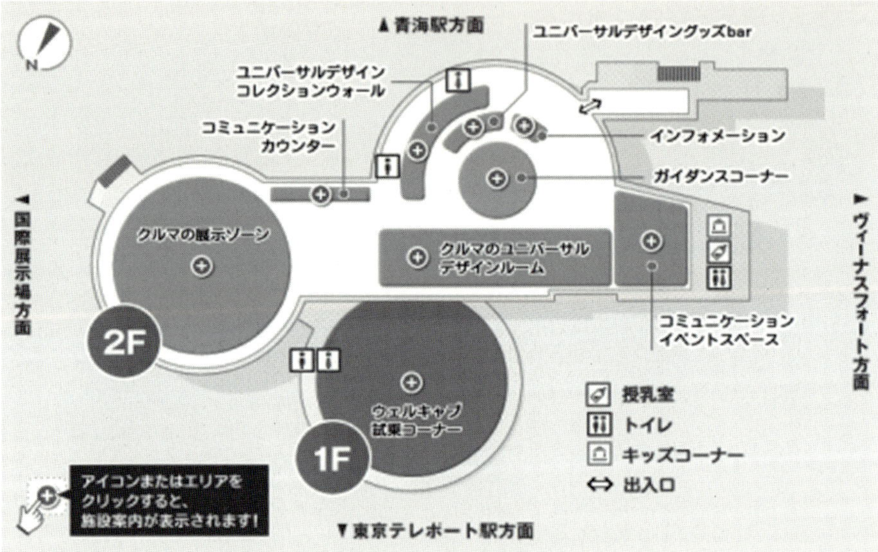

그림 1-13. Toyota Universal Design Showcase 평면

개요

도쿄 유니버설 디자인 쇼케이스는 모든 분야에서의 유니버설디자인에 대한 아이디어를 공유할 수 있도록 해놓은 곳으로 유니버설디자인을 보기만 하는 것이 아닌 직접 경험하게 하고 느끼게 하는 것이 이쇼케이스의 목적이다.

공간특성

유니버설 디자인 용품들이 종류별로 구분되어 전시되어 있으며 벽면을 활용해 유니버설 디자인 소품들을 전시해 두어 관람객들이 직접 보고, 만져보고, 타볼 수 있게 해줌으로서 일반 소비자들에게도 유니버설 디자인의 중요성을 스스로 인식할 수 있는 기회를 제공해 주고 있다.

전시체험 Contents

- 벽면활용 전시

공간을 효율적으로 사용하기 위해 벽면에 유니버설 디자인 소품들이 종류별로 전시되어 있다.

그림 1-14. 벽면을 활용한 각종 유니버설 디자인 제품 전시

- 생활지원용품 전시

음식 종류별로 사용하기 쉽게 만들어진 도마와 쓰러지지 않게 걸어둘 수 있는 지팡이, 뚱뚱한 사람이나 날씬한 사람 누구에게나 맞는 전천후 벨트 쇠 봉을 살짝 누르면 들어올리기가 더 쉬워지는 쟁반 등 우리 생활과 가장 밀접한 용품들이 전시되어 있다.

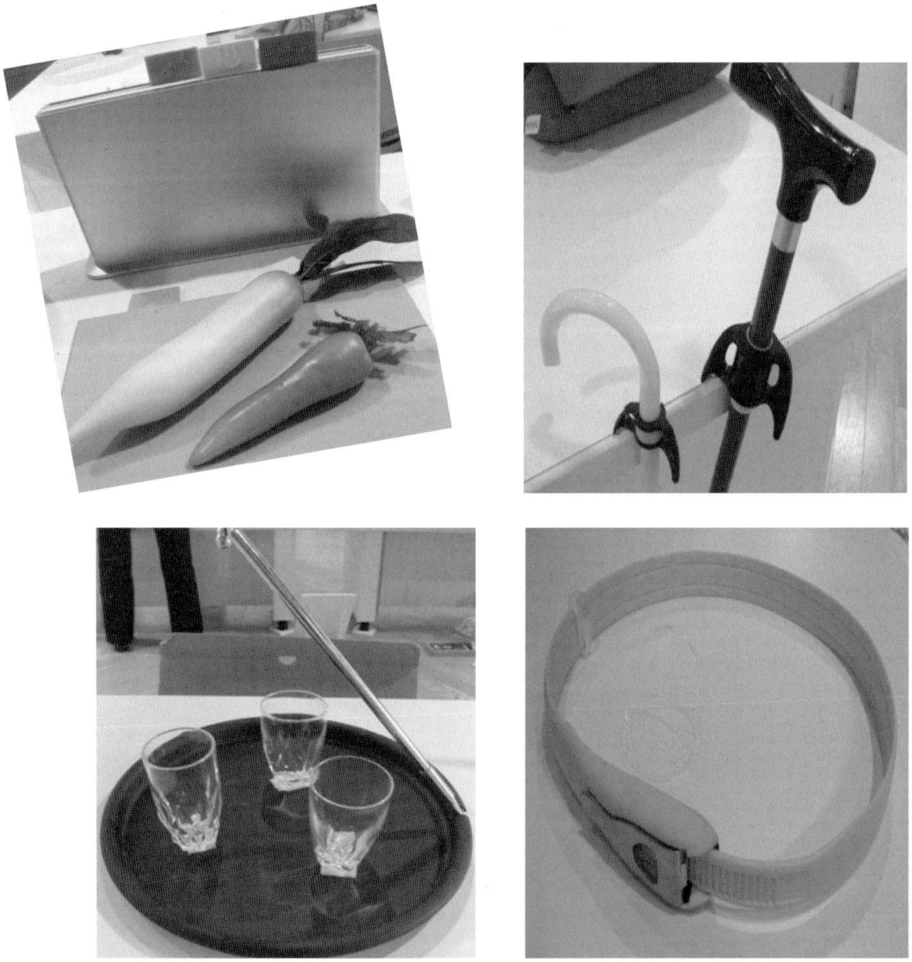

그림 1-15. 유니버설 디자인이 적용된 생활용품들

- 공공디자인물 전시

여러사람이 사용하기 쉬운 동전 투입구나 글씨를 명확하게 인식할 수 있도록 배려된 서체 디자인 등이 전시되어 있다.

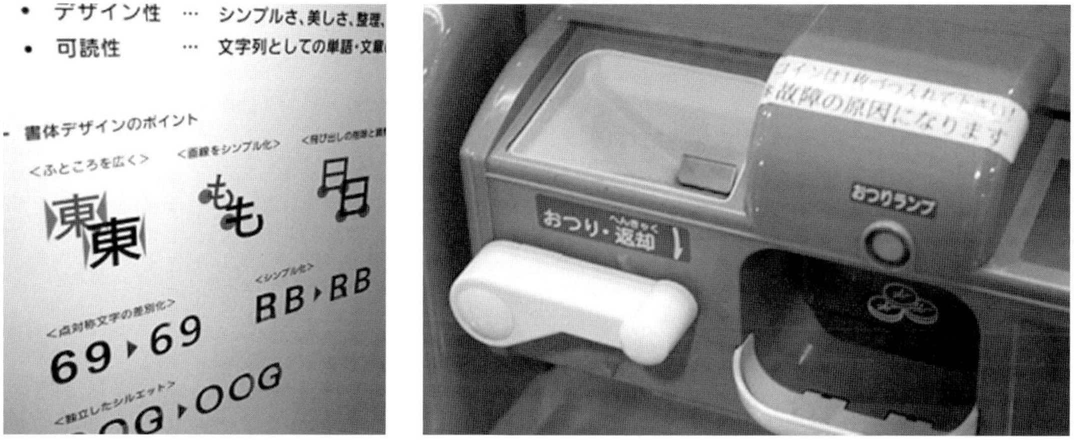

그림 1-16. 유니버설 디자인이 적용된 공공디자인물

유비쿼터스 디자인 Ubiquitous Design

유비쿼터스 디자인 개념

라틴어 'Ubiquitas'를 어원으로 하는 유비쿼터스(Ubiquitous)는 언제 어디서나 존재한다는 의미를 지니고 있다. 유비쿼터스 디자인은 디지털 기술을 언제 어디서나 자유롭게 이용 할 수 있다는 개념으로 처음 주창한 사람은 1984년 도쿄대의 사카무라 켄(Ken Sakamura) 교수이다.

유비쿼터스 디자인 환경 특징

통합적 디지털 네트워크 기반

디지털 기술은 개별 기술이 아니라 네트워크화를 통한 복합화의 형태로 제시되고 있다.

생활과의 통합적 연계 형태

디지털 전반의 변화는 컴퓨터 및 핸드폰 등의 활용을 통해 생활과의 연계를 넘어 사회화가 되고 있으며 생활의 필요에 의하여 활용되기 시작하던 디지털 도구로부터 도구를 활용한 생활 전반의 변화의 단계에 이르게 되었다.

이상적 삶을 추구하는 수단

유비쿼터스 환경의 추구는 궁극적으로 무한한 가능성을 지닌 디지털 도구를 사용하여 이상적 사회와 개인적 삶의 추구를 목표로 하고 있다.

유비쿼터스 디자인 컴퓨팅 개념

유비쿼터스란 단어가 컴퓨팅 연구 분야에서 사용되기 시작한 것은 1988년 제록스 팔로 알토 연구소(Xerox Palo Alto Research Center)의 마크 와이저가 차세대 컴퓨팅의 미래로 제시한 쉬운 컴퓨터 연구에서다. 마크와이저(Mark D. Weiser)와 그의 동료들은 인간 중심의 컴퓨팅 기술, 사용하기 쉬운 컴퓨터의 개념으로써 '유비쿼터스 컴퓨팅'비전을 제시하였다.

Main Frame		Personal Computer		Ubiquitous
제 1 물결	➡	제 2 물결	➡	제 3 물결
컴퓨터〉사용자		컴퓨터=사용자		컴퓨터〈사용자

그림 1-17. 제 3의 물결

유비쿼터스 컴퓨팅 특징

수많은 컴퓨터가 네트워크를 통해 언제나 연결되어 상호작용하고 있으나 실제 사용자의 눈에 보이지 않게 우리 생활 속으로 파고 들어야 한다. 즉 실제 생활 현장 어디에서나 컴퓨터 사용이 가능해야 하며 인간화된 인터페이스로서 조용하고 묵묵히 이용자를 지원해야 한다. 현재의 컴퓨팅은 계산이 중요하며 기계를 사용하기 위해 사용자가 기계를 배워야하는 구조이지만 유비쿼터스 컴퓨팅 환경은 기계가 사용자의 행동을 배워 필요한 솔루션을 제공하는 특성을 가지고 있다.

유비쿼터스 컴퓨팅과 공간혁명

유비쿼터스 공간 구현 목적

가장 중요한 목적은 인간중심으로 그릇이라는 개념의 물리적 공간에 디지털 기술을 융합 시켜 생동하는 공간을 만들고자 하는 것이다.

유비쿼터스 공간 구성 삼대 요소

유비쿼터스 공간 구성의 삼대 요소로 물리적 공간, 디지털 공간 그리고 인간을 들 수 있으며 그 중 인간이 중심이 된 공간이 구현되어야 한다.

유비쿼터스 공간 특징

유비쿼터스 공간의 특징은 사람과 공간이 상호작용 한다는 점이다. 따라서 사물이 인터페이스의 새로운 주체가 되며 정보와 사물을 컴퓨터가 매개하므로 사람과 사물, 공간 간의 인터렉션(Interaction)이 중요하게 된다. 유비쿼터스 환경의 특징은 환경과 사물에 심어지는 컴퓨터가 공간과 사물자체에 지능이 부여되는 것에서 시작한다. 이러한 사물 속에 내재된 컴퓨터들은 무선 네트워크로 연결 되어 사람들 간의 의사소통을 지원하고 정보를 제공하는 디바이스로 실시간으로 의사결정을 내려줄 수 있다. 따라서 유비쿼터스 환경은 물리공간과 전자공간이 최적으로 연계통합되어 공간과 사람이 교류하게 하는 인터렉티브 (Interactive)기능을 형성한다(이수인, 2008).

과거와 현재 유비쿼터스 공간

과거부터 주거 공간에서 디지털 도구를 사용하는 매우 보편화 되어 있어 TV와 라디오로부터 시작한 이래 컴퓨터와 케이블 TV 보급에 따른 네트워크화는 꾸준히 진행되고 있다. 현재는 디지털 기기의 개발과 이들을 이용할 수 있는 서비스를 제공하기 위해 하드웨어적 인프라 구축에 힘쓰고 있다. 즉, 네트워크화 된 디지털 기술을 활용할 수 있는 기기 중심의 생활로 변화되고 있다.

제 3의 공간

유비쿼터스 공간 개념은 물리적 공간과 디지털 공간이 만난 융합의 공간을 이야기하는데 이와 같은 융합된 공간을 하규원 외(2003)는 제 3의 공간이라고 일컫는다. 디지털 기술에 의한 변화를 컴퓨터의 발명과 보급 단계의 제 1단계, 그리고 인터넷을 통한 네트워크화를 제 2단계, 그리고 디지털 공간의 발견과 이동을 제 3단계로 구분하고 있다. 제 3의 공간이라 일컫는 유비쿼터스 공간은 과거 물리적 공간 내에 디지털 기기를 위치시키는 개념으로부터의 탈피이며 비 물질화 된 디지털 공간 개념으로부터의 변화를 의미한다.

표 1-8. 물리 공간, 전자 공간, 제 3 공간의 특성 비교

분류	물리공간	전자공간	제 3공간 (유비쿼터스 공간)
공간원소	원자(Atoms)	비트(Bits)	Atoms+Bits
공간지각	만질 수 있는 공간	만질 수 없는 공간	만지지 않아도 알 수 있는 공간
기능형성	공간에 사물이 심어짐	컴퓨터에 가상물이 심어짐	컴퓨터가 사물에 심어짐
컴퓨터 활용	Many person one computer	One person one computer	One person many computers
공간접속 공간형식	Only one access/ by oneself 유클리드 공간	Some access /by agent 논리적 공간	Ubiquitous access/ without oneself 지능적 공간
기반 네크워크	도로망, 철도망	PC와pc를 연결하는 인터넷	사물과 사물을 연결하는 인터넷
발전 정책	국토종합개발	cyber-koreae-korea	전자, 물리공간통합 U-korea

자료 : 유비쿼터스 IT 혁명과 제3공간(하원규 외, 2002)

디자인 사례

벨기에 리빙 투모루(Living Tomorrow)

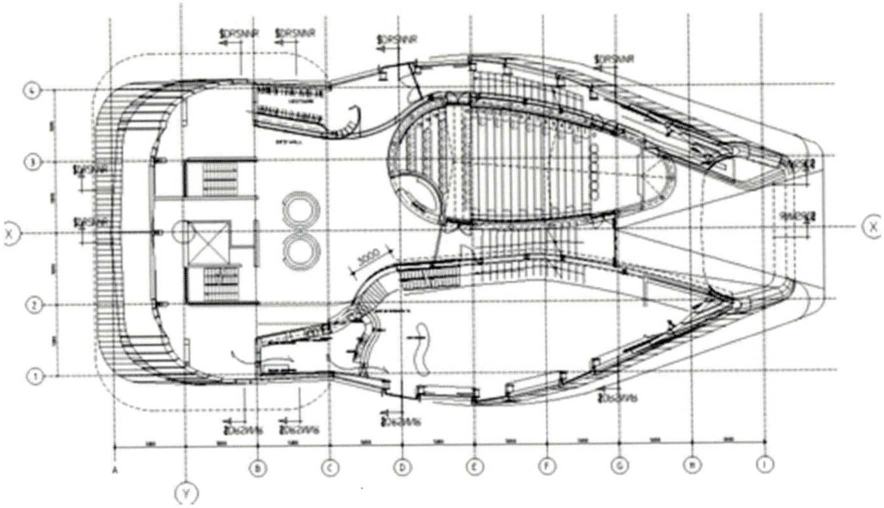

그림 1-18. Living Tomorrow 평면도
출처 : http://www.architettura.supereva.com

개요

Living Tomorrow는 CMG 와 유니레버(Unilever)같은 최고 기업들이 대규모로 지원하고 있는 임시건물이다. 이 프로젝트는 미래의 일상과 업무환경에 통합될 수 있는 가장 혁신적인 기술에 대한 통찰력을 제공한다.

공간특성

건물은 태양열이나 대규모 자연 통풍 시스템을 사용해서 기존의 난방·냉방 시스템을 대체하는 차세대기술을 선보이고 있다. 공간조직은 단일하고 연속적인 표면 형태로 구성되어 있다. 특히 주변 환경에 악영향을 미치는 유해가스나 액체 그리고 여타 요소들의 배출도 허용하지 않고 모든 재료는 환경 친화적이거나 재활용이 가능한 환경을 보여주고 있다.

전시체험 Contents

- 거실창문

이중창문으로 되어 있어서 여름에는 외부의 뜨거워진 공기를 냉각시켜 실내 공기가 뜨거워지는 것을 막고 겨울에는 외부의 차가운 공기를 따뜻하게 하여 실내 공기가 차가워지는 것을 막아 실내 온도를 유지할 수 있다.

그림 1-19. 이중창문구조
자료 : http://www.livingtomorrow.com

- 부엌

부엌에 있는 컴퓨터를 사용해서 요리를 선택하면 요리 절차가 나오고 요리에 필요한 상품을 인터넷으로 구입할 수 있다. 상품 구매 시스템은 음성으로 명령어를 입력할 수 있고 얼굴 인식과 지문 인식으로 결재할 수 있다. 특히 냉장고는 외부와 연결되어 있어 인터넷으로 주문한 상품을 외부에서 냉장고에 바로 보관이 가능하다.

그림 1-20. 부엌 체험
자료 : http://www.livingtomorrow.com

- 홈시어터

홈시어터는 방음을 위해서 독립된 구조로 되어 있고 원터치 버튼으로 사무실 환경에서 홈시어터 환경으로 변할 수 있다. 특수 도료로 칠해진 벽은 스크린으로 사용할 수 있다.

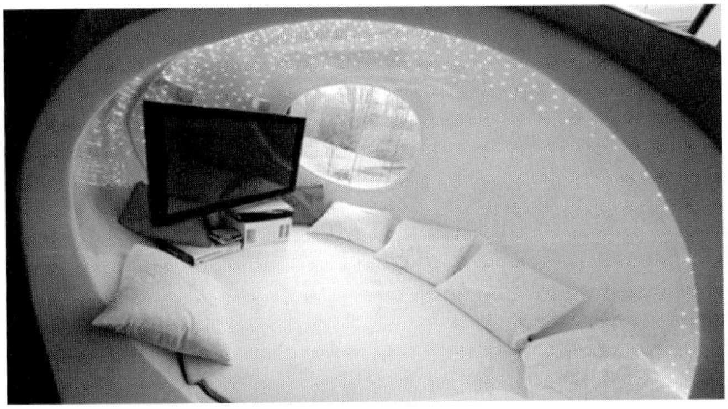

그림 1-21. 홈씨어터

자료 : http://www.livingtomorrow.com

친환경적 디자인(Environmental Friendly Design)

친환경적 디자인 개념

친환경 디자인은 자연 환경과 조화되며 자원과 에너지를 생태학적 관점에서 최대한 효율적으로 이용하여 건강한 생활과 업무가 가능한 디자인으로 정의할 수 있다. 친환경적 디자인의 개념은 한정된 범위의 단독 건축물만을 다루는 개념이 아니라 주변 환경과의 연계라는 보다 광범위한 개념으로 순환적 관계인 환경에 대한 영향을 고려하고 있다.

친환경적 디자인 특성

첫째, '환경의 가치(The Value of Environment)'로 자연과 문화 환경에 대한 가치를 중요하게 생각한다는 것이다. 전체 자연환경과 인간은 상호의존적이고 상호 보완적인 관계이다. 인간의 문명을 지속시키기 위해서는 자연 환경의 지속성이 유지되어야 한다.

둘째, '미래 지향성(Futurity)'로 자연에 미치는 인간의 영향력에 대하여 단기적 영향 뿐만 아니라 장기적 영향도 고려하여 예방적 조치의 필요성을 강조한다. 재생 불가능한 지구 자원의 고갈을 막기 위하여 무분별한 사용을 자제한다.

셋째, '형평성(Equity)'으로 개인 및 그룹 상호간의 자원접근 및 사회적 만족에 대한 형평성 뿐만 아니라 세대와 세대 간의 형평성을 강조한다.

친환경적 공간 개념

친환경적 공간이란 자연환경의 중요성에 대한 생태학적 인식에 기인하는 것으로 '생태 환경에서 살아가는 인간의 삶에 효율성과 자율성을 성취시키기 위하여 환경과 상호 적응할 수 있는 구조를 디자인 하고 건설하는 예술, 혹은 과학으로서의 건축'이라 할 수 있다. 건물 시스템을 자연생태계의 일부에 편입해 주변 환경과 조화를 이루면서 자연환경을 합리적으로 이용하며 인간과 건축, 자연 상호간의 관계를 양질로 지속시킬 수 있도록 건물로 인한 에너지 소비를 최소화 하고 자연자원의 보존과 쾌적성을 극대화 시키는 것을 고려한 공간이라 할 수 있다.

친환경적 공간 디자인 원칙

통일(Unity)

생태학적 자연의 질서이며 예술과 공간에서 뿐 아니라 우주의 기본적인 질서원리로서 인식 된다.

동적 평형(Dynamic Balance)

상반된 원리들 사이의 균형을 통해 진화한다.

상호보완성

효율, 주체와 객체, 매스와 공간의 개별성은 물론 통일과 동적 균형 및 이들 간의 상호보완적 관계를 말해주는 원리로 매스와 공간, 건물과 환경, 의미의 풍부와 표현의 명료성 등으로 나타난다.

디자인 사례

제로 에미션 하우스(Zero Emission House)

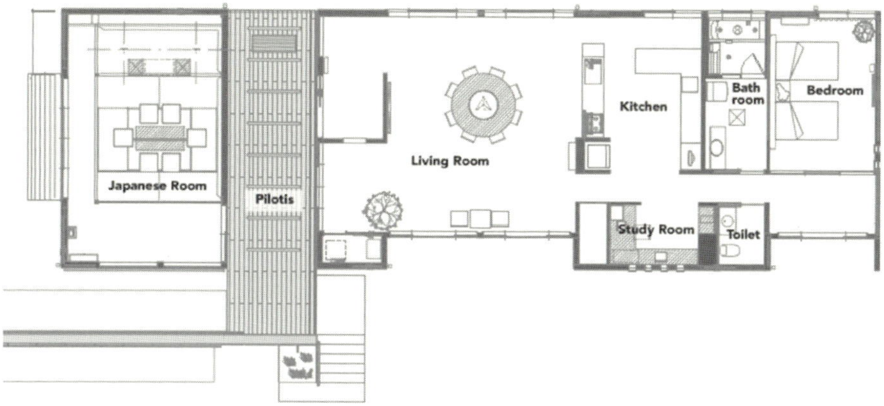

그림 1-22. 제로 에미션 하우스 평면
자료 : http://www.sekisuihouse.com/zeh/eng/

개요

세키스이 하우스 관동공장 내에 위치한 이 집은 친환경 건축 기술을 총동원해 지은 자연친화적인 건물로서 2008년 7월 홋카이도에서 열린 도쿄정상회담에서 환경기술과 일본 전통문화를 알리기 위해 시범 삼아 제작한 것을 회담 후 옮겨왔다.

공간특성

에너지 절약, 대체에너지 핵심요소기술, 주택의 전생애 주기를 고려한 이산화탄소 배출 절감 등이 체계적으로 적용된 미래지향적 기술의 지약체라 할 수 있다. 환경관련 기술개발 기관과 기업연구소의 공동개발로 지어졌으며 전력은 태양열과 풍력을 사용하고 있고 에어컨과 냉장고 등의 가전제품도 에너지 절약형을 갖추고 옥상에서는 이산화탄소를 흡수하는 이끼를 깔아

녹화를 꾀하였다. 각 공간별로 '신에너지 기술', '에너지 절약기술', '환경기술' 등 세 분야의 기술들이 적용되어 구성되어 있다.

전시체험 Contents

- 재활용유리 재료

폐유리의 95%이상을 재활용하여 외부와 내부에서 사용 가능한 재료로 구현하였다.

- 유기EL조명 에너지

효율이 높고 자연광에 가까운 특성을 가지고 있으며 수은 등과 같은 유해물질을 포함하고 있지 않다.

그림 1-23. 폐유리를 활용한 타일
자료 :http://www.sekisuihouse.com/zeh/eng/

그림 1-24. 유기EL조명 에너지
자료 :http://www.sekisuihouse.com/zeh/eng/

- 사이클론 진공클리너

진공 사이클론 방식을 통하여 외기에서 흡수되는 공기를 정화하는 시스템 이다.

- 3중 진공 단열유리창

유리 사이 내부의 진공상태를 이용해 단열 성능을 최대화 시켰다.

그림 1-25. 사이클론 진공클리너

자료 :http://www.sekisuihouse.com/zeh/eng/

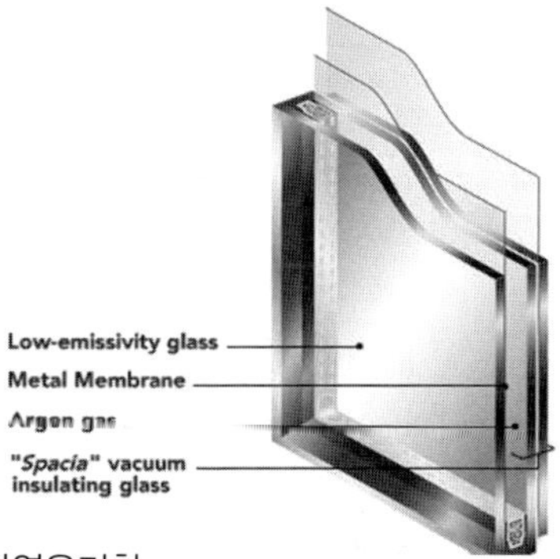

그림 1-26. 3중 진공 단열유리창

자료 :http://www.sekisuihouse.com/zeh/eng/

인터렉티브 스토리텔링 Interactive Storytelling

인터렉티브 스토리텔링 개념

인터렉티브 스토리텔링(Interactive Storytelling)은 뉴미디어 발전에 따라 발달하고 있는 상호 교환성을 나타내는 '인터렉티브'와 고전적 화법에서 사용해왔던 '스토리텔링'이라는 두 단어의 조합으로 네트워크화 된 컴퓨터 환경에서 디지털 미디어를 통해 이루어지는 내러티브 엔터테인먼트라 할 수 있다. 예를 들어 하이퍼미디어 디자인이나 멀티미디어 플랫폼, 온라인 게임의 구현장치와 같이 사용자들이 스스로 선택과 통제를 통해 한 가지 플랫폼에서 새로운 플랫폼들을 사용자 스스로 만들어 가는 것을 의미 한다.

인터렉티브 스토리텔링 특징

유연성(Plasticity)과 탄력성(Flexibility) 있는 제작과정

컴퓨터와 멀티미디어의 기술 발전으로 인해 관람자의 흥미에 맞게 수정된 독특한 개인적인 배경을 만들 수 있다.

보편성(Universality)

개인PC의 보급과 인터넷 확산으로 사람들은 다양한 미디어를 통해 참여의 기회를 갖게 됨에 따라 세계를 하나의 네트워크로 연결할 수 있게 되었고 개인적이고 예술적 목적으로 하나의 이야기를 풀어나갈 수 있게 된다.

상호교환(Interactivity)

인터넷 미디어를 통한 인터렉티브 스토리가 웹상에서 구현되기 시작하면서 창작자와 청자 간의 구분이 없어지고 비슷한 경험의 공유가 이루어지게 되었다.

공동체 형성의 가능성(Community-Building)

많은 사람들이 인생의 힘, 스토리의 힘을 표현하기 위해 컴퓨터를 사용하고 그 이야기들을 통해 공동체를 형성한다.

전통적 스토리텔링의 성공적 특징

인터렉티브 스토리텔링은 디지털 미디어를 매체로 하기 때문에 미디어와 사용자 또는 미디어와 미디어 사이에 여러 형태의 상호 작용이 가능하며 유무선 연결망을 통해 연결된 전 지구적 네트워크에 영향을 받는다. 특히 문자, 사운드, 영상 등 여러 가지 형태의 정보가 복합되어 하나의 스토리를 이루게 된다.

비선형성(Non-Linearity)

하나의 순서에 의해 스토리가 진행되는 것이 아니라 관람자의 의지에 따라 또는 개입에 의해 앞으로 돌아가거나 다음 내용을 건너뛰는 것이 가능하다.

인렉티브 스토리텔링을 포함한 디지털 콘텐츠 특징

선별적 접근 가능성

검색어 등을 사용해 즉시 검색할 수 있다.

완전 복제 가능성

정보의 누락없이 완벽한 복제를 반복할 수 있다.

조작 가능성

특별한 물리적 제약 없이 정보를 조작하고 변환할 수 있다.

인터렉티브 스토리텔링 적용분야

교육

예전의 교과서와 칠판을 사용한 교육방식과는 전혀 다른 새로운 방법으로 학생들은 교실에서의 강의 대신 인터렉티브 시뮬레이션에 참여해 그곳의 환경을 관찰하고 다양한 주인공과 이야기하며 물건을 다루고 단서를 찾아 데이터를 분석 한다. 예를 들어 〈Savannah17〉은 영국의 Futurela 에서 진행하였던 전략 어드벤처 게임으로 아이들은 현실공간에서 PDA 와 같은 핸드헬드(Handheld)[1]를 들고 다니며 가상공간의 사바나(Savannah)에서 사자가 되어 동물의 생태학과 행동학을 공부하며 체험할 수 있다.

그림 1-27. Savannah
출처 : http://www.futurelab.org.uk/projects/savannah/details

1) 한 손에 올려놓고 다른 손으로 조작할 수 있는 컴퓨터, 스케너, 이동통신 단말기 등 초소형 기기를 가리키는 형용사.

게임

게임은 가장 오래된 인터렉티브 스토리텔링으로서 비디오게임에서부터 시작해 MMORPG[2)](Massive Multiplayer Online Role Playing Game)까지 아우른다.

그림 1-28. 대표적인 MMORPG의 하나인 '월드오브워크래프트'
출처 : http://it.donga.com

몰입형 환경

기존의 가상현실 환경은 사이버 공간의 한 형태로 컴퓨터로 생성된 3D 인공세계이며 실제와 아주 흡사하다. 고글형 디스플레이 HMD(Head Mounted Display)[3)]를 착용하는 등 별도의 장비나 기기를 사용하여 돌아다니기도 하고 가상 구조물이나 물체를 어떤 각도에서든 조망할 수 있다.

---

2) 게임 속 등장인물의 역할을 수행하는 형식의 게임인 RPG(롤 플레잉 게임)의 일종으로, 온라인으로 연결된 다수의 사용자가 같은 공간에서 동시에 즐길 수 있는 게임을 말한다.
3) HMD(Head Mounted Display) 가상현실 시뮬레이션에서 머리에 착용하는 장치로 사용자가 디지털 이미지를 볼 수 있게 하는 장치.

몰입형 환경은 가상현실 환경과 비슷한 목적을 갖고 있으나 가상현실과는 다른 기법들이 사용된다. 사용자가 필수장비를 착용할 필요가 거의 없으며 경우에 따라서 감각기관을 속일 수 있도록 인공 향이나 촉각 자극, 인공 기상효과, 온도변화, 사운드효과 등이 동원되기도 한다. 대형 스크린 포맷을 이용하는 프로젝트의 경우 친숙한 영화 도구를 활용할 수 있으며 대형 스크린을 통한 체험은 참가자들의 체험 효과도 높일 수 있다.

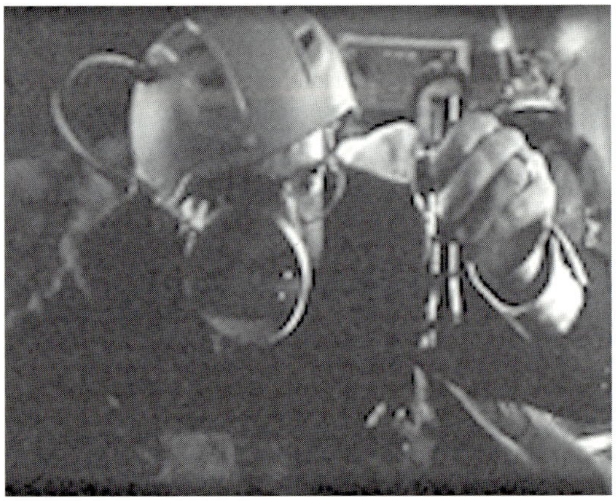

그림 1-29. 디즈니랜드 Honey, I Shrunk the Audience
출처 : http://www.mickey-mouse.com/picepcothista.htm

인터렉티브 스토리텔링 두 영역

엔터테인먼트 스토리텔링

인터렉티브 스토리텔링 중 가장 큰 부분을 차지하는 디지털 콘텐츠들을 주로 제작하는 분야로 디지털 영화, 애니메이션, 컴퓨터 게임, 디지털 방송 등이 여기에 해당 된다. 디지털 콘텐츠가 일상적으로 필요한 정보보다는 허구적 서사를 통해 일종의 오락산업의 기능을 하고 있다는 점에서 엔터테인먼트적 성격을 띠고 있다고 할 수 있다. 엔터테인먼트 스토리텔링은 각각의 매체 성격에 따라 하위 장르가 다르게 구성되고 소비자에게 전달되는 방식에 따라 서술, 묘사, 체험의 세 가지 요소가 결합되어 나타난다.

인포메이션 스토리텔링

엔터테인먼트 스토리텔링은 허구적 이야기를 창조하는 것에 비해 인포메이션 스토리텔링은 현실을 바탕으로 논픽션적인 이야기를 만들어 내는 것이라 주어진 정보를 스토리로 엮어 내는 편집적 성격이 강하게 부각 된다. 디지털 광고, 브랜드 이미지, e-러닝, 디지털 박물관, 컴퓨터 매개 커뮤니케이션(CMC) 기반의 커뮤니티, 디지털 다큐멘터리 등이 여기에 해당된다.

인포메이션 스토리텔링은 기본적으로 정보의 전달이 컨텐츠의 기본 목표이며 정보는 기본적으로 전혀 모르는 주제가 되어서는 안 된다.

인터렉티브 스토리텔링과 체험

핸드폰, PDA, 네트워크와 같은 미디어 장치들은 실제공간인 물리적인 세계를 플레이어에게 제공하며 이런 식의 체험적 속성은 체험자가 직접 공간을 선택하고 제어하면서 놀이적 속성에 참여하게 되고 이런 '놀이'의 속성은 사람들이 주인공이 되어 스스로 이야기를 만들어 나갈 수 있게 한다.

환경이 급속하게 변화하여 디지털 공간에 익숙해진 사람들에게 직선적인 내러티브는 일회적인 관람에서만 그치게 할 뿐 아니라 시청각적 흥미 외에는 별다른 의미를 사람들에게 줄 수 없으므로 체험자들의 생동감 있는 체험을 위해 미디어 매체와 사람, 사람과 사람간의 상호작용으로 또 다른 스토리를 만들어내야 한다.

인터렉티브 스토리텔링은 인터렉티비티한 요소로 인하여 관람자에게 흥미와 몰입을 경험하게 해주므로 이를 통해 디지털 매체의 기술을 투명하게 감춰주고 '선별적 접근 가능성'의 하이퍼 매개 역할을 할 수 있다는 점은 직선적이고 연속적인 기존의 체험 공간을 새로운 체험공간으로서 변화 시킬 수 있는 가능성을 보여준다.

디자인 사례

사비나 미술관의 SocialArt전

개요

SocialArt전은 소셜네트워크 시대를 살아가는 작가들이 대중과의 커뮤니케이션을 통해 작품을 창작하는 과정에서 도출해 낸 새로운 소통의방식과 시대의 흐름에 따라 변화하고 있는 미술계의 현상을 보여준다.

이 전시의 관람 포인트는 적극 참여하는 것이 전시를 제대로 즐기는 방법이다.

체험 Contents

어린이를 대상으로 한 '보고 연결하고 소통해요'라는 전시연계 프로그램으로 어린이들에게는 다소 어렵게 느껴질 수 있는 주제를 협동게임을 시작으로 재미있는 전시체험과 더불어 참여 어린이들끼리의 소통을 통한 결과물을 만들어 낸다. 저학년은 전래동화를 새롭게 각색하고 등장인물 및 배경 등을 어린이들이 직접 제작해 보는 활동이고 고학년은 또래 어린이들이 관심이 있을만한 주제를 주고 각 팀원의 소통과 협력을 통하여 어린이용 오프라인 페이스북을 만들며 전시의 이해를 돕는다.

소셜아트 전은 소통의 과정이 전시 그 자체이므로 작품을 이해하는데 설명은 중요한 과정이자 소통의 일부라고 볼 수 있다.

관람 시 큐레이터의 1:1형식의 설명으로 작품을 이해하는데 어려움이 없었으며, 소통방식을 이끌어내 '공감'을 유도하는 몰입의 효과가 큰 전시라 할 수 있다.

그림 1-30. 전지윤의 〈Walk to Run〉(2012)
자료 : http://weekly.hankooki.com/1page/life/201202/wk20120229161217121480.htm

그림 1-31. 클라우드 핑크 작품을 직접 체험해보는 관람객
자료 : http://weekly.hankooki.com/1page/life/201202/wk20120229161217121480.htm

2) 공간구성계획

공간특징

기존 고령친화 체험관과 차별화

지금까지의 고령친화 체험관들은 모두 단순 나열식의 배치로 관람객의 흥미를 이끌어 내지 못했으나 본 종합체험관에서는 여러 가지 인터페이스들을 활용해 관람객과 전시물과의 인터랙션이라는 상호작용을 중요시한 체험 공간으로 계획 한다. 특히 다양한 관람객의 눈높이를 수용할 수 있는 전시 체험물로 구성함으로써 고령친화산업의 가치와 정보를 재조명해 볼 수 있는 공간이 될 수 있도록 계획 한다.

고령자를 위한 디자인 컨셉

기존의 고령친화 체험관이 관람자의 감성을 고려하거나 재미있는 체험과 욕구만족이 가능하도록 충분하게 계획되고 있지 못한 실정이므로 고령자 뿐 아니라 전체 이용자를 고려해 체험관 건축물에 유니버설 디자인, 친환경적 디자인, 유비쿼터스 디자인을 활용하고 실제 이러한 디자인 컨셉들이 적용된 용품 및 모델하우스도 체험 할 수 있도록 계획 한다. 특히 체험 마케팅을 고려한 고령친화 체험공간을 창출한다면 고령친화상품에 대한 소비자들의 이해를 증진시킴과 동시에 다양하고 재미있는 경험을 할 수 있을 것이다.

SEMs 개념 적용

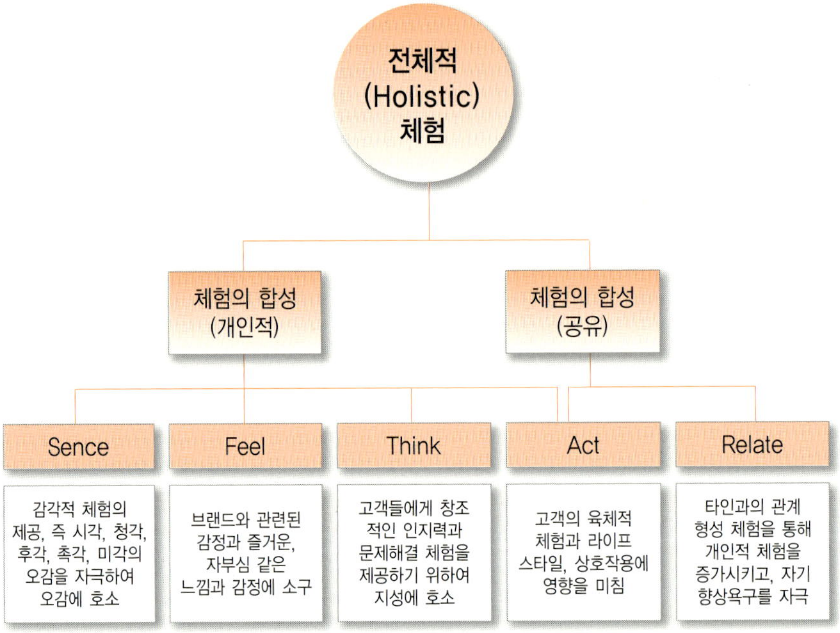

그림 1-32. 체험마케팅의 다섯 가지 유형

자료 : 1등이 되기 위한 LG전자의 마케팅(이두희, 2002)

SEMs는 Strategic Experiential Modules의 약자로 전략적 체험 모듈이라 하며 감각, 감성, 인지, 행동, 관계로 구성된 일종의 기준이다. 세부적인 내용은 다음과 같다.

감각(Sense)

오감을 자극하여 고객들에게 감각적 체험을 유도하는 감각마케팅으로 고객의 감각 자극 시 미적인 즐거움에 초점을 둔다.

감성(Feel)

고객의 감성 체험을 창출하는 감성마케팅으로 고객의 기분과 감정에 영향을 미치는 감성적인 자극을 통해 브랜드와 유대관계를 강화할 수 있다.

인지(Think)

고객의 인지적 능력, 지성에 호소하는 인지마케팅으로 고객의 지적 욕구를 자극하여 고객으로 하여금 창의적으로 생각하게 만든다.

행동(Act)

고객의 육체적 체험과 라이프스타일, 상호작용에 영향을 주는 행동마케팅으로 체험 행동을 하는데 다양한 선택권을 알려주어 육체와 감각에 자극되는 느낌을 극대화하고 고객으로 하여금 능동적 행동을 취하도록 한다.

관계(Relate)

상기 네 가지 차원을 모두 포함한 고객 개인의 자기 향상 욕구를 자극하는 관계마케팅으로 브랜드와 고객 간의 사회적 관계가 형성되도록 브랜드 커뮤니티를 형성하는데 중점을 둔다.

디지털 기술과 감성 인터랙티브[4] 요소 접목

변화 가능한 유동적인 공간 프로그램으로 고령친화 체험관을 이용하는 관람객의 다양한 감성적, 심리적 만족을 충족시킬 수 있고 관람자와 고령친화

---

4) 상호작용이 인간이 어떤 주어진 환경 하에서 지식, 사상, 감정, 의견 등을 공유화하는 행동이나 과정을 의미한다면, 이러한 행위를 제공하는 매체를 인터랙티브라고 함. 인터랙티브 디자인은 어떤 것을 디자인 했을 때 상호작용하도록 만든 것을 말하고, 인터랙션 디자인은 상호작용하는 행동이나 과정을 더욱 강조하면서 이들이 충분한 상호작용성을 가지도록 전체를 디자인 하는 것임

체험 공간이 상호작용과 상호소통을 할 수 있는 공간을 창출 한다. 첨단 디지털 기술 즉, 인터랙티브 표면, 실재하는 물체에 촉각 미디어, 소리나 빛 등의 환경 요소를 활용한 감각적 인터랙션인 환경미디어 등의 인터랙션 기술들을 이용하여 관람자의 관심과 흥미를 유도하고 풍부한 체험을 할 수 있는 공간을 창출 한다.

그림 1-33. 에너지 파크 플랫폼 : 들어가는 벽면에 위치하여 관람자들이 다가가면 그림자에 반응하여 관람자 그림자 주변으로 말풍선이 생기면서 전시관에 대한 전반적인 설명을 해주도록 연출

자료 : 체험형 전시공간의 실내환경 연출에 관한 연구(김용기, 2011)

그림 1-34. 디지털 파빌리온의 센서블 플로어 : 관람객이 다니는 동선에 위치하여 관람객들의 움직임에 반응하여 변화는 영상을 볼 수 있도록 연출

자료 : 체험형 전시공간의 실내환경 연출에 관한 연구(김용기, 2011)

그림 1-35. 디지털 파빌리온의 뮤직테이블 : 월 타입으로 여러 가지 음원이 적힌 RFID모형을 인식판위에 올려서 여러 가지 악기를 가상으로 조합하여 연출해 볼 수 있도록 연출. 또한 음향 및 소리의 방향등을 선택하여 조절할 수 있도록 부가적인 조절까지 가능 하도록 연출

자료 : 체험형 전시공간의 실내환경 연출에 관한 연구(김용기, 2011)

세대통합의 장

노화체험 장비를 착용한 후 기존 고령자의 힘든 생활과 편리한 생활을 동시에 경험할 수 있는 극적인 공간을 연출 한다. 또 고령자나 장애인을 만족시키면서도 일반인, 전문가에게도 호응도가 높을 수 있는 환경, 제품전시, 체험 공간을 창출 하므로서 고령자에 대한 올바른 인식과 이해를 도모할 수 있는 공간을 창출한다.

그림 1-36. 사회 취약계층과 세대 간 정보격차해소를 위해 열린 2012 정보화제전
자료 : 뉴스1, 2012.06.27

공간구성 레이아웃

조닝(Zoning)

전체 존은 크게 출입구 존, 교육 · 홍보 존과 전시 존, 체험 존으로 구분한다.

표 1-9. 공간구성계획

구 분		구 성	비 고
출입구 존		로비, 안내데스크, 미디어플랫폼, 고령친화용품 판매 및 대여공간 등	-
교육·홍보 존		다목적 홍보 영상관, 교육실1, 교육실2, Elderly Library 등	-
전시체험존	노화 체험존	버스타기 체험, 시각, 청각, 촉각, 근력상태 체험 공간 등	장비착용 O
	주택 체험존	현관, 거실, 부엌, 화장실 및 욕실, 침실 , 다용도실 등	
	외부보행 체험존	신호등, 건널목, RFID태그를 이용한 길안내 시스템 체험, 흙 놀이터, 친환경 보행로, 세그웨이 체험장, 친환경 놀이터 등	
전시존	상설 전시관	고령친화산업군 별 용품 전시	장비착용 O + X
	특별 전시관	주제에 따른 테마형 공간	

동선계획

관람객의 원활한 이동뿐만 아니라 합리적인 관리 통제를 위해 관리자의 동선도 함께 고려해야 한다. 전시체험 프로그램에 따라 전시 관람 동선과 체험 교육 동선을 분리 하고 실제 82세 고령자의 신체 상태를 체험할 수 있는 장비를 착용한 후 진행되므로 체험동선이 길면 피로감을 초래할 수 있으니 짧게 구성한다. 상시 출입하는 관람객과 교육 및 체험 중인 관람객의 혼선 예방을 위해 동선을 분리하며 방문 목적에 따른 동선을 구분하기 위해 비즈니스 목적으로 방문한 방문객 동선 역시 분리한다. 혼합공간으로 보다 폭넓게 이용할 수 있도록 유도하면 지루하지 않은 공간이 될 수 있으며 노약자나 장애인을 위해 설치된 램프로 인한 긴 동선은 건물 중앙에 엘리베이터를 설치해 수직 동선으로 해결한다.

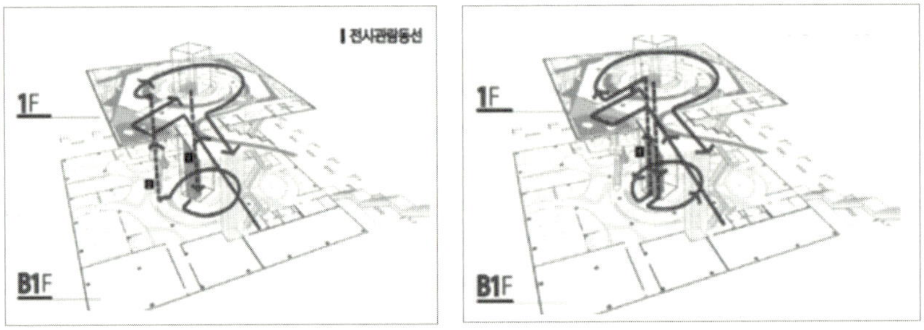

그림 1-37. 왼쪽부터 일반인 관람동선과 장애인 관람동선

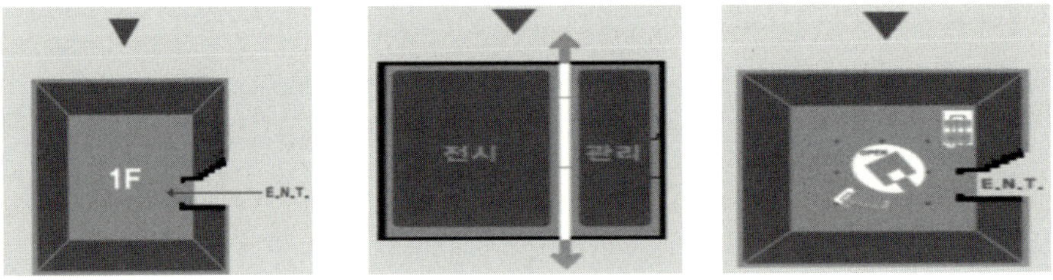

그림 1-38. 동선계획

: 진입의 효율성, 외부공간 활용 극대

: 전시체험과 관리동선 분리

: 전시실 독립적관람 수직 동선 확보

동선은 강제성을 띄지 말고 주동선과 부동선으로 나누어 선택해서 볼 수 있는 방법을 강구하고 불가피한 경우 생략해 지나칠 수 있는 단축 동선을 계획 하며 관리 동선은 짧을수록 효과적이고 관람동선과 교차 또는 중복되는 경우를 줄여 관람객의 눈에 보이지 않는 것이 좋다. 전시품의 수납, 포장, 해체, 격납, 보관, 관리, 연구나 조사행위가 전시에 지장이 없도록 하며 관내의 청소와 수선, 방재, 경비에 유리하도록 계획한다.

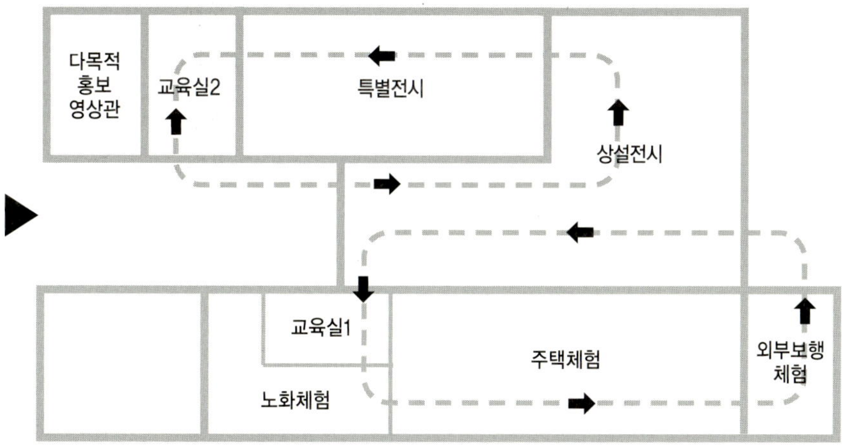

그림 1-39. 체험프로그램 동선 예시

시선계획

시선계획은 동선 상에 있는 관람자의 시선과 전시자료의 관계로 인간의 안구구조, 평균적인 눈의 높이를 고려해 전시자료의 크기, 높이와의 관계를 고려해 적절히 배치해야 한다. 특히 전시공간의 입체적인 공간의 활용에 있어 관람자와 전시물과의 거리, 각도 등이 최적의 상태를 유지할 수 있도록 하는 것이 중요하다. 전시물을 시선의 중앙부에 배치할 경우, 시야에 들어올 수 있는 거리는 전시물 높이의 2배 정도, 전시벽면에 대한 관람객의 가시거리는 2~3m가 되도록 한다. 시야의 범위는 상향 30도, 하향 40도의 범위를 유지하며 상한 범위를 67~80도 정도로 하고 대형 전시물의 경우 전시물을 경사지게 배치해 높이를 낮춤으로서 관람 거리를 짧게 하는 것이 좋다. 천장 전시에는 시야의 상한범위 각도가 46~55도 임을 고려해야 한다.

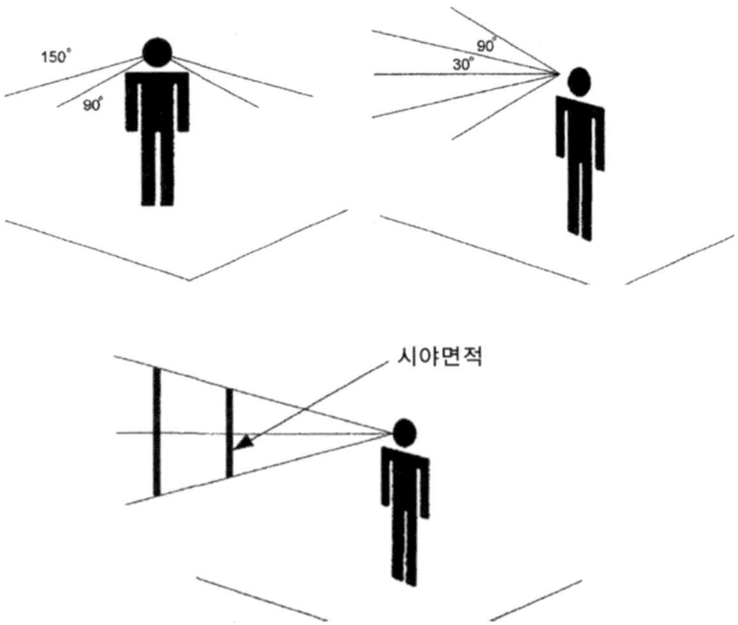

그림 1-40. 시야 각도와 시야 면적.
자료 : 전시패널의 주목도에 관한 연구(유지현, 2007)

3) 공간별 디자인 가이드라인

출입구 존(Zone)

로비의 상징적 조형물

고령친화 체험관의 메시지와 정보가 응축된 자유로운 진입 공간으로 구성하며 고령친화 체험관(또는 액티브 고령자)을 나타낼 수 있는 상징적 조형물, 안내데스크, 미디어 플랫폼, 고령친화 용품 판매 및 대여 공간 등을 설치한다. 조형물은 진입동선 안내와 메시지 전달 기능까지 겸비하고 있는 것이 좋다.

그림 1-41. 입구 디스플레이 화면: 사람의 동선이나 움직임에 따라 바닥의 디스플레이 화면이 변하는 로비 공간

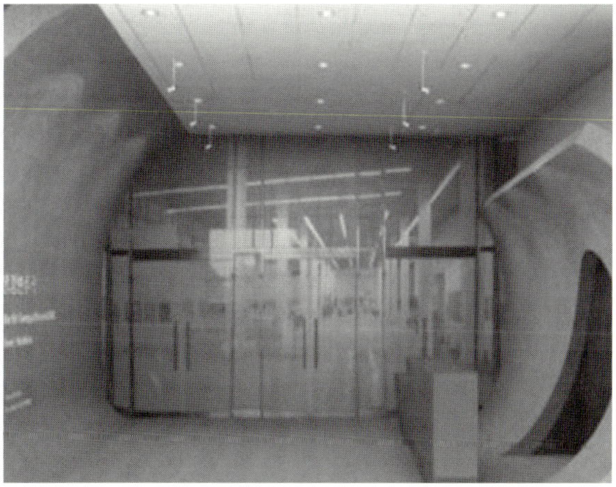

그림 1-42. 출입구 전실 : 진입동선 안내와 메시지 전달 기능을 겸비하고 있는 입구

그림 1-43. NEXT 21로비 : 물을 이용해 친수 공간으로 꾸며 친환경적 건물이라는 상징을 나타내고 있는 로비

안내 데스크

예약자 확인 후 관람 안내를 하는 공간이므로 안내책자를 비치할 수 있는 수납공간과 물품보관소를 두어 관람객의 편의를 도모 한다.

그림 1-44. KT ‘olleh square’: KT가 제안하는 미래의 주거 공간, 오피스 공간을 대형 스크린을 통하여 볼 수 있음.
자료 : http://ollehsquare.kt.com

미디어 플랫폼

네트워크를 통해 고령친화 체험관 정보가 전 세계로 확산되고 역으로 흩어져 있는 고령자복지 관련정보들을 이어주는 플랫폼 같은 역할을 담당하는 공간이다. 누구나 다양한 미디어를 능숙하게 사용하고 미디어를 통하여 자유롭게 정보를 교환할 수 있는 공간으로 노트북 및 컴퓨터, 터치스크린 비치한다. 그 외 고령친화산업 관련 정보, 고령친화용품 판매 정보 및 전시관 관람정보 등이 검색 가능하며 필요에 따라 전시콘텐츠로 재가공 되거나 새로운 컨텐츠로 변신이 가능하다. 전시관으로 연결되는 벽은 투명한 유리벽으로 디자인 하여 전시관 내부에 대한 호기심을 유발하도록 한다.

그림 1-45. 삼성 D'light : 미래의 제품을 3D Virtual 영상 콘텐츠로 볼 수 있음.
자료 :http://www.samsung.com/sec/aboutsamsung/movie/delight.html

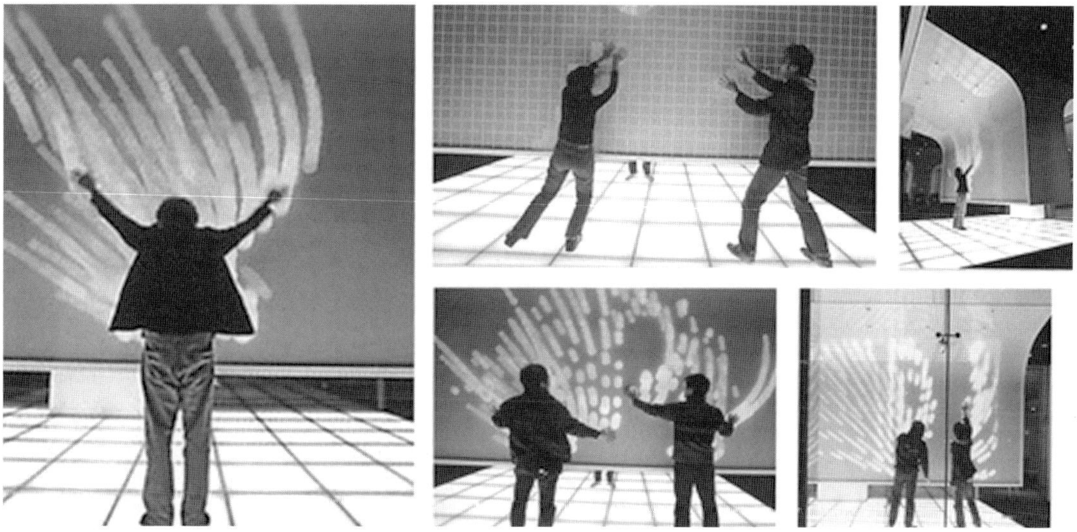

그림 1-46. Bloomberg ICE (Klein Dytham Architecture, Japan): 하나의 모니터가 회사의 정보를 표시하거나 적외선 센서로 사람의 행동을 인식해 화면이 변하고 게임도 할 수 있는 등 다양한 역할을 함.

고령친화제품 판매 및 대여코너

입구 쪽에 고령친화용품 정보 및 구매, 대여 코너를 두어 소비자의 편의를 돕는다.

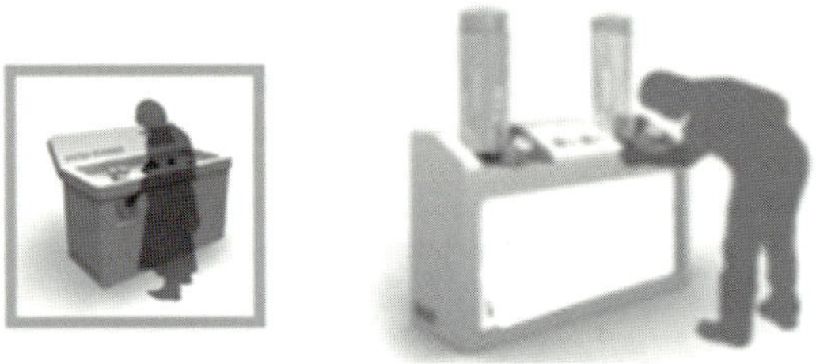

그림 1-47. 고령친화용품 판매 및 대여 코너

그림 1-48. Interactive Tippdrive Cell Phone Game (The IAA Fair in Frankfurt, 2003) : 영상 및 음성해설서비스 - 첨단 모바일 폰 게임으로 상품의 설명서나 브랜드이미지를 빨리 습득하면 우승함(경쟁심을 이용한 마케팅).

자료 : http://dcc.ndhu.edu.tw/itv/New/lecture/ppt/940521-1.pdf

교육 존(Zone)

: 다목적 홍보영상관, 교육실, 시니어 도서관

다목적 홍보영상관

다양한 공간 활용

오리엔테이션, 관련 학회 및 세미나, 교육, 행사 등 여러 가지 목적으로 사용되는 다목적 공간이다. 또 연극이나 영화상영등 지역민을 위한 문화예술 공간, 동호인들의 커뮤니티 공간 등으로 활용할 수 있으며 때로는 관련 유관기업 워크샵, 지역축제 및 행사, 문화이벤트 공간 등으로 활용 가능하다.

4D 입체영상 홍보 및 교육 영상 상영 공간

생애 및 노화과정 등에 대한 실사와 컴퓨터 그래픽을 이용한 다큐입체영상, 정부와 기업체 홍보자료 등을 상영한다.

그림 1-49. 다목적 홍보 영상관

전시체험 오리엔테이션 교육 공간

영상물을 통한 사전교육 공간으로 단체관람객 중심으로 교육프로그램을 운영한다.

교육실 및 체험준비실

체험 사전/사후 교육 공간

전시체험 프로그램을 시작하기 전 전시체험 프로그램 구성과 내용에 대한 교육 및 사전평가와 전시체험 프로그램 후 의견 교환과 사후평가가 이루어지는 공간이다.

최대 20인 정도가 교육을 받으면서 노화체험 장비를 착용할 수 있도록 체험복 착의 및 탈의 시 팔과 다리를 쭉 폈을 때 상대방에 닿지 않는 간격 정도의 충분한 공간이 필요하다.

그림 1-50. 교육실

특히 갑작스런 노후의 충격에서 오는 부정적인 현상을 완화하기 위해 부드럽고 따뜻한 공간 이미지를 연출하고 주변 벽면에 안전손잡이를 설치하는 것이 좋다. 또 관람객들의 귀중품이나 소지품 보관을 위한 사물함도 비치하는 것이 좋으며 남·녀를 구분할 필요는 없다.

사전준비실

몇 몇 체험관에서는 공간의 협소함 때문에 장비를 교육실 의자 밑에 보관하는 경우가 있다. 이럴 경우 미리 비치된 체험복 사이즈가 체험자에게 맞지 않아 교환을 하는 등 교육시간이 낭비되는 문제점이 발생하고 있다.

체험대상이나 프로그램의 내용에 따라 지팡이나 안경, 귀마개 등이 필요하지 않은 경우가 있으므로 필수 장비가 아닌 장비들은 따로 보관할 필요가 있다.

이러한 일들을 미리 방지하기 위해 교육실 근처에 체험에 관련된 부수적인 용품들이나 자료들을 모두 한 군데에 보관할 수 있는 장소가 있는 것이 운영에 효과적이다.

시니어 도서관(Senior Library)

고령에 관련된 서적 및 전자 자료들을 접할 수 있고 투명 터치스크린을 설치해 쌍방향 정보검색이 가능하도록 한다. 특히 고령자들이 편리하게 이용할 수 있도록 책상의 30%에 전자 확대경을 설치하고 휴대용 전자 확대경을 대여할 수 있도록 한다. 부가적으로 독서토론회나 모임을 위한 소규모 영상장비가 세팅 된 세미나 룸을 설치한다.

그림 1-51. Sendai Mediathcquc: 센다이 미디어테크는 유니버셜 디자인을 공간에 적용함.
자료 : http://www.irwinmiller.com

그림 1-52. 탁상용 독서확대기: 배율 및 대비조절과 색상변경 등 다양한 방법으로 인쇄물을 더욱 쉽게 읽을 수 있고 초점고정기능으로 메모와 글쓰기를 지원해 줌.
자료 : http://www.himsintl.co.kr/

노화체험 존(Zone)

노화체험 존은 고령자의 신체 감각 및 지각기능 즉 시각, 청각, 후각, 촉각 등을 체험할 수 있는 공간으로 길을 지나는 과정에서 각 감각들의 복합적인 체험이 가능하도록 구성한다. 이를위해 집으로 돌아가는 과정을 컨셉으로 공간 시나리오를 연출하고 전체 공간은 터널형태로 하며 내부의 멀티미디어를 통해 공간의 형태나 조명 및 소리가 변하도록 한다. 또 편한 요소와 불편한 요소들을 동시에 또는 따로 경험해 볼 수 있도록 공간을 연출하는 것도 중요하다.

버스정류장 가는 길

지능형 가로등

도시정보나 도로 및 도로기반 시설물에 대한 영상정보를 수집해 네트워크를 통해 관제센터로 전송 한다.

가로등 근처에서는 무선인터넷 접속이 가능하고, TV시청, 주변관광정보, 지역홍보영상 상영, 광고 등을 LCD화면을 통해 볼 수 있다. 특히 이 가로등은 물체 인식 후 점등을 하기 때문에 에너지를 절약할 수 있다.

그림 1-53. 투모로우시티-U Street 지능형 가로등.
자료 : http://www.tomorrowcity.or.kr/

지능형 횡단보도

사람을 인식해 횡단보도가 자동으로 생성된다.

그림 1-54. 투모로우 시티-U Street 지능형 횡단보도.
자료 : http://www.tomorrowcity.or.kr/

지능형 신호등

지능형 가로등과 비슷한 기능을 하며 특히 교통량이나 신호등 대기자 유무를 자동으로 인식해 신호를 조절한다.

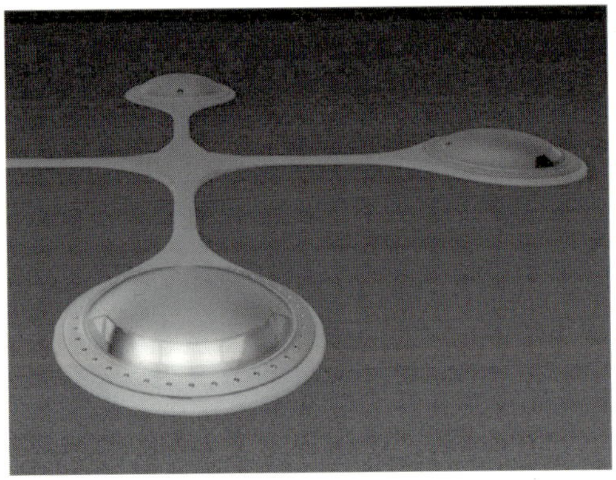

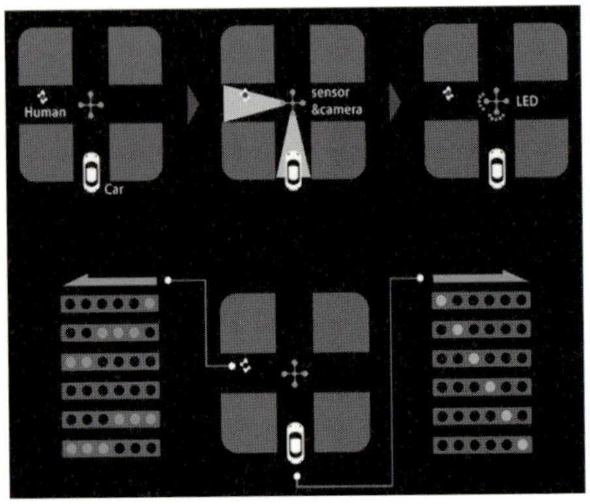

그림 1-55. Alley Traffic Lights(Designed by 박정선): 신호등이 없는 작은 골목길의 교차로나 사각지대 지면에 설치하는 신호등으로 티타늄 재질로 되어 있으며 카메라와 센서, LED가 내장되어 있어 사람이나 자전거, 오토바이, 차량 등을 센서로 감지해 반대 방향으로 LED신호를 보내는 구조로 되어있음.
자료 : http://www.yankodesign.com

지능형 버스정류장

상호작용

버스정류장과 사용자간의 상호작용을 통해 공간에 대한 긍정적 이미지를 전달 할 수 있도록 한다.

정보제공

정보를 디지털화 하고 터치스크린을 설치해 목적지, 도착정보 등을 쉽게 찾을 수 있고 미디어 아트, 이벤트 홍보, 날씨, 온도 등 다양한 공공성 정보를 제공하며 버스 도착 안내 음성이 나온다.

형상인식

지나가는 사람 형상을 인식하여 디스플레이 영상이 변화하며 체험자가 지나갈 때 미래의 모습을 연령별로 볼 수 있다.

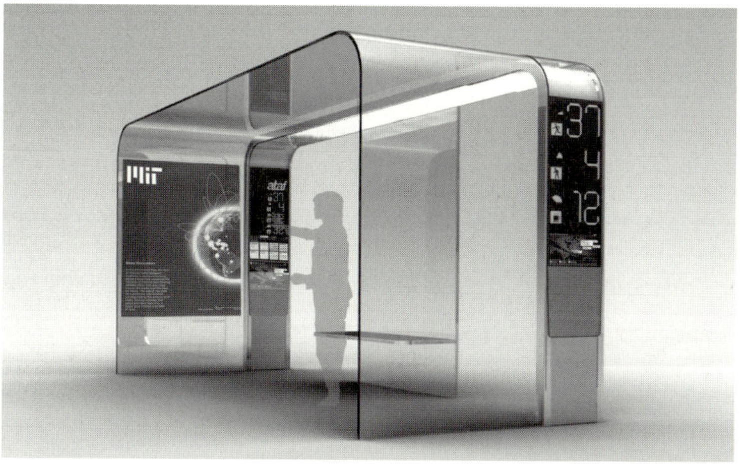

그림 1-56. MIT SENSEable Lab의 EyeStop
자료 : http://Senseable.mit.edu

버스 내부

근력체험, 앉기·일어서기, 균형 잡기 체험

고령자의 근력 저하로 인한 불편함과 사고발생 가능성 등을 인지하고 이를 감안한 공간계획 및 생활 지원기기 등의 디자인적 배려가 필요함을 이해할 수 있다.

버스 오르내리기, 유니버설 디자인이 적용된 버스 의자와 그렇지 않은 의자들의 비교체험, 흔들리는 차 안에서 중심잡기, 높이별 버스 손잡이 체험 등을 할 수 있다.

안전사고 위험을 최소화하기 위해 바닥은 미끄럽지 않은 재질을 사용하고 안전손잡이를 설치한다.

집으로 가는 길목

시각체험

벽과 바닥면에 인터렉티브 스크린을 설치해 체험자들의 동선에 따라 색과 밝기가 변하도록 한다. 이를 통해 황화현상, 백내장현상, 녹내장 현상 등 고령자들의 시각상태를 체험해 볼 수 있다.

체험자들은 인터렉티브 스크린을 통해 실제 길을 걷는 듯 한 느낌을 받을 수 있다. 또 일반인과 고령자들의 시각상태를 비교 할 수 있도록 조명이나 색채를 조절해 체험 효과를 높일 수 있다.

후각체험

시각체험과 함께 이에 어울리는 냄새 또는 아로마 향기가 흘러나오면서 후각 체험이 동시에 이루어질 수 있다.

그림 1-57. Vattenfall Media Facade: 컴퓨터 프로그래밍을 통해 정원의 이미지들이 내부 사람들의 움직임에 따라 실제 정원의 식물들이 자라듯, 피어나는 꽃들과 자라나는 풀, 나뭇잎들을 볼 수 있음.
자료 : http://www.unlekker.net/proj/04vattenfall/

청각체험

청각체험기를 통해 고령자에게 들리는 공원의 새소리와 일반인에게 들리는 새소리, 또 아이들의 웃음소리 등을 비교 체험해 볼 수 있다.

특정 장소에 설치된 센서들을 통해 몸의 위치와 움직임에 따라 사운드가 흘러나온다.

그림 1-58. SON-O-House : 공간의 물리적 형태가 생태적이고, 이용자의 움직임에 소리로 반응해 실시간으로 끊임없이 살아있는 소리의 흐름을 만들어냄.

자료 : http://openbuildings.com/buildings/son-o-house-profile-38562#

촉각체험

촉각센서와 스크린을 이용해 촉각체험을 할 수 있다. 스크린의 영상을 이용해 이용자들의 적극적인 참여를 유도하며 체험용 장갑의 착용 여부에 따라 스크린의 반응이 달라짐을 체험할 수 있다.

그림 1-59. Eau de Jardin : 스크린 앞에 있는 화분의 살아있는 식물을 체험자가 손으로 만지게 되면 스크린 내의 가상식물이 성장하고 그 생명력을 체감 할 수 있음.

자료 : http://interface.ufg.ac.at

기타체험

이제까지의 경험이 유비쿼터스 인터페이스를 통한 복합적인 체험이었다면 여기서부터는 감각별로 체험이 이루어 질 수 있도록 체험 도구들이 펼쳐져 있다.

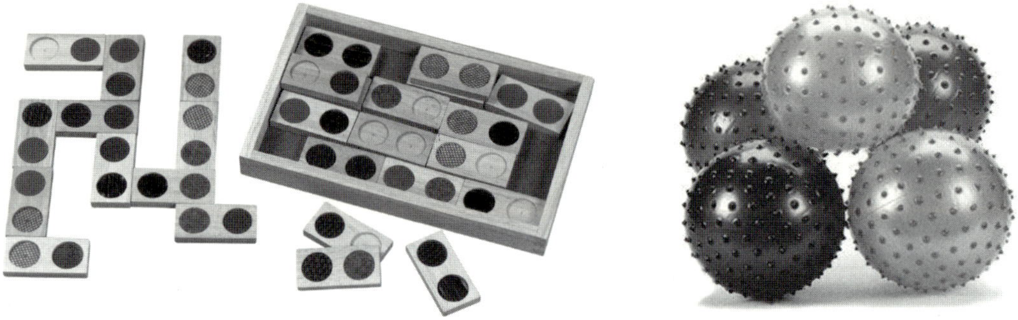

그림 1-60. 감각체험도구 : Texture Dominoes와 Sensory Balls
자료 : http://www.playworks.net/

보행체험

주택체험 Zone으로 들어가는 입구 앞에는 계단과 슬로프 등에서 핸드레일이나 계단의 경사각, 폭, 높이에 따른 체험을 통해 실생활에서 고령자들이 느낄 수 있는 불편함과 어려움을 이해할 수 있도록 한다.

계단체험

스페이스 절약에 유효한 나선형 계단의 체험, 계단 바닥의 형상에 의한 보행 리듬과 안정감의 차이, 또 계단 면의 폭과 높이에 따른 오르내리기의 차이, 낙상사고의 위험성 등을 체험 할 수 있다.

그림 1-61. 광주 고령친화 임시체험관 계단체험

슬로프체험

경사로의 밑변과 높이의 비율이 각기 다른 (8:1, 10:1, 12:1 등) 경사로를 휠체어 및 보장구 착용 상태에서 안전하게 운행되는지 비교한다.

그림 1-62. 광주 고령친화 임시체험관 슬로프체험

주택체험 존(Zone)

현관, 거실, 침실, 욕실 및 화장실, 부엌, 다용도실로 구성되어 있으며 기본적으로 고령친화주택 계획 시 고려해야할 사항들 및 지침, 치수들을 엄수해 공간을 디자인해야 한다.

유니버설 디자인, 친환경 적디자인, 유비쿼터스 디자인 컨셉이 각 공간마다 통합적으로 또는 개별적으로 이루어 질 수 있는 공간으로 구성하는 것이 좋다.

고령친화주택 계획 시 고려사항

안전성

고령자들에게 가장 위험한 것은 낙상사고이므로 무엇보다 단차가 없고 미끄럽지 않은 바닥이어야 한다. 또 안전한 조리 기구나 조작이 쉽고 감각기능(온열감각, 후각, 시력)저하를 보완해줄 수 있는 용품, 비상시 대책과 화재방지 대책 등에 대해 고려해야 한다.

기능성

작업하기 쉽고 동작이 용이하도록 부엌작업대를 배치하고 사용하기 쉬운 종류의 스위치를 적절한 위치에 설치한다. 특히 넉넉한 수납공간을 확보하며 다른 방과의 연계를 고려하고 커다란 창을 통해 시력저하를 배려한다.

쾌적성

살기 좋은 공간으로 연출하며 조명기구나 가구의 배치, 색채, 냉난방 등을 충분히 고려한다. 또 유지관리가 용이한 재료들을 사용한다.

고령자의 특성에 따른 주거 공간 계획

골격·운동기능 변화에 따른 계획요소

노화에 의해 신장감소나 신체경직, 보행능력, 근력 등의 변화가 생기므로 주거공간을 계획할 때 다음과 같은 사항들을 고려해야 한다.

표 1-10. 골격·운동기능 변화에 따른 공간구성계획

<table>
<tr><th colspan="2">구분</th><th colspan="2">신체적 특성</th><th colspan="2">주거공간 계획 시 고려사항</th></tr>
<tr><td rowspan="4">골격.운동기능</td><td>신장
체중</td><td colspan="2">-체중감소 -신체경직</td><td rowspan="2">-공간치수 고려
-가구치수 고려</td><td rowspan="4">-각 실, 설비, 가구, 제품
-계단, 슬로프, 승강기
-바닥재(미끄럼방지)
-모서리, 급경사로, 단차
-비상구
-휠체어 사용 공간
-보조손잡이, 레일
-창문, 스위치 높이조절</td></tr>
<tr><td>골격</td><td>-뼈약화
-척추휨</td><td rowspan="3">-골절증가
-보행 불편
-지지력 약화</td></tr>
<tr><td>보행
잡기
능력</td><td>-저하</td><td rowspan="2">-동선의 축소, 건물의 저층화
-형태, 구조의 단순화
-안전설계.대피책 마련
-합리적 수납공간</td></tr>
<tr><td>지구력</td><td>-크게 감소</td></tr>
</table>

자료 : 건설교통부.한국주거학회, 고령자가구 주택개조 매뉴얼, 2007.
野村 - 橋本美芽,『住環境のバリアフリーデザインブック, 2003.

감각기능 변화에 따른 계획요소

노화에 의해 시각, 청각, 후각, 촉각 등 감각기능이 쇠퇴되게 되므로 고령자를 위한 주거 공간을 계획할 때 다음과 같은 요소들을 고려해야 한다.

표 1-11. 감각기능 변화에 따른 공간구성계획

<table>
<tr><th colspan="2">구분</th><th>신체적 특성</th><th colspan="2">주거공간 계획 시 고려사항</th></tr>
<tr><td rowspan="6">감각기능</td><td>시각</td><td>- 원시(야맹증)
- 색채감각 감소
- 암순응 능력감소</td><td>- 채광대책, 색채, 조망고려
- 사인의 명료성, 글자 크기</td><td>- 조명, 개구부, 사인</td></tr>
<tr><td>청각</td><td>- 청력, 소리구별 능력 저하
- 가청거리 단축</td><td>- 음향 조절
- 방음계획</td><td>- 흡음.방음재
- 개방공간 적용</td></tr>
<tr><td>후각 · 쇠퇴</td><td>- 가스탐지기
- 화재경보기 설치
- 환기고려</td><td>- 공조 설비, 탐지기, 경보기</td><td></td></tr>
<tr><td>촉각</td><td>- 쇠퇴</td><td rowspan="2">- 보행보조설비고려
- 미끄럼 방지고려</td><td rowspan="2">- 안전손잡이, 핸드레일 설치
- 미끄럼방지바닥재 사용</td></tr>
<tr><td>평형감각</td><td>- 능력약화</td></tr>
<tr><td>체온</td><td>- 온도변화에 약함</td><td>- 냉난방 설비고려
- 실별 온도차 감소고려</td><td>- 단열, 보온재
- 냉난방 설비</td></tr>
</table>

자료 : 건설교통부. 한국주거학회, 고령자가구 주택개조 매뉴얼, 2007.
野村 橋本美芽,『住環境のバリアフリーデザインブック, 2003.

생리기능 변화에 따른 주거공간 계획요소

노화에 따라 배설기능이 약화되고 수면시간이 줄어들게 되므로 고령자를 위한 주거를 계획할 때 다음과 같은 사항들을 고려해야 한다.

표 1-12. 생리기능 변화에 따른 공간구성계획

구분		신체기능의 변화	일상생활에 미치는 영향	주거공간 계획 시 유의사항
생리기능	배설	- 배설 조절기능의 저하로 배설이 잦아짐 · 방광경부의 수축, 방광괄약근의 경화 · 잔뇨, 빈뇨, 요실금, 요로감염	- 잦은 배뇨로 밤중에 화장실을 여러 번 감	- 침실 가까이에 욕실 및 화장실 배치 · 야간조명등의 설치
	수면	- 중추신경이 약해져 수면시간이 대체로 짧고 잘 깸	- 밤 시간의 수면 부족으로 낮잠을 자거나 불면증으로 인한 우울증 등 발생	- 소음이 없도록 침실의 방음 성능 향상소음이 없도록 침실의 방음 성능 향상

자료 : 건설교통부. 한국주거학회, 고령자가구 주택개조 매뉴얼, 2007.
野村 橋本美芽,『住環境のバリアフリーデザインブック, 2003.

인지기능 변화에 따른 주거공간 계획요소

노화에 의해 기억력, 사고력 등의 인지기능이 떨어지게 되므로 고령자를 위한 주거 공간을 계획할 때 다음과 같은 요소들을 고려해야 한다.

표 1-13. 인지기능 변화에 따른 공간구성계획

구분		신체기능의 변화	일상생활에 미치는 영향	주거공간 계획 시 유의사항
인지기능	기억력/사고력	- 기억력저하(잘 잊어버림) - 계산력저하 - 보는 대로 믿음 - 상상력, 통찰력, 종합적 판단력은 높은 기능 유지	- 물건을 어디에 두었는지 잘 잊어버리게 됨	- 정리하기 쉬운 수납공간 - 찾기 쉽게 물건 수납 - 넣고 꺼내기 쉬운 위치에 수납
	노화의 자각과 수용	- 과거에의 애착이 강함 - 사고의 유연성 저하 - 감정조절이 어려움 - 흥미는 가까운 것에 한정됨	- 새로운 환경에 익숙해지기 어려움 - 이웃과의 교류가 적어짐	- 지금까지의 일상생활과 친근한 환경 연출

자료 : 건설교통부. 한국주거학회, 고령자가구 주택개조 매뉴얼, 2007.
野村 橋本美芽,『住環境のバリアフリーデザインブック, 2003.

고령자와 공간의 지원성 및 안전성

고령자와 환경적 지원성[5)]

환경에 대한 의존성이 강한 고령자는 주거 내에서 자립적으로 생활할 수 있도록 도움을 주는 주거환경의 지원성이 요구 된다.

환경적 지원성과 관련해 머사(Murtha, 1976)는 환경이 갖추어야 하는 지원성 체제를 행동의 용이성, 생리적 유지, 지각적 유지, 사회적 용이성의 네 범주로 분류하면서 이러한 측면에서 사용자에게 적절한 지원성이 제공될 때 성공적인 디자인 환경이 될 수 있다고 했다.

환경에 대한 지원성 증진은 물리적 환경에 대한 개선 뿐 아니라 환경에 대한 통제력을 높임으로서 고령자의 자존감과 독립성 등 사회심리적인 만족도를 향상시키는 것과도 관련되는 중요한 문제이다(문희정, 김미희, 2004).

고령자들을 위한 공간 환경의 안전성

고령자들은 연령이 증가하면서 건강할 때에는 불편하게 느끼지 못했던 주택의 구조나 규모, 시설 및 생활용품들이 어느 순간 장애로 대두되어 주택 내에서의 안전사고가 증가하게 된다(이연숙, 박정아, 오찬옥, 1994).

전국 60세 이상 고령자와 고령자 가구를 대상으로 고령자의 안전사고실태를 파악하는 연구를 수행한 결과 가정에서 발생하는 안전사고 유형은 크게 넘어짐, 미끄러짐, 떨어짐의 세 가지로 분류할 수 있다.

안전사고가 자주 발생하는 장소는 욕실과 화장실이며 대부분 주택을 개보수하여 결함을 제거하거나 사전교육을 통해 예방할 수 있는 사고들이였다.

---

5) 깁슨(Gibson)은 환경이 인간을 위해 지니고 있는 특성을 환경적 지원성이라고 함

위와 같은 결과는 적절한 주거조절 행위로 고령자의 주거환경을 안전하고 자립적으로 항상 시킬 수 있음을 시사하고 있다.

디지털 기술의 활용

디지털 기술은 프로그램 해놓은대로 자동적으로 작동되며 제반 상황을 인식해 이에 대처할 수도 있다. 특히 상호작용이 가능하여 신체적 심리적 기능이 저하된 고령자에게 유용하게 활용될 수 있다.

노화와 주거환경

노년기 주거환경의 의미

고령자를 위한 주거는 고령자의 건강수준에 따른 자립도와 간병의 필요성 여부, 보조 장비 및 용구, 거기에 필요한 각종 지원 서비스 까지를 함께 고려해야 하는 복합적인 대상이다.

건강하게 자립적으로 살아가는 고령자들은 주거공간의 편리성이나 쾌적성이 주된 관심사항이나 24시간 간병이 필요한 완전 의존상태의 고령자들은 실내 보건, 위생, 수발 공간은 물론 간병자의 활동을 위한 보조 공간까지도 고려해야 한다.

고령자를 위한 주거의 조건

고령자가 되면 심신기능이 떨어져 자립생활이 점차 어려워지므로 보다 안전하고 편리한 주거환경이 필요하다. 특히 나이가 들어 은퇴한 후에는 사회활동이 축소되고 가족중심으로 살아가며 집안에서 보내는 시간이 많아지기 때문에 더욱 안전하고 편리한 주거환경에 대한 요구가 높아지게 된다. 따라서 노년기에는 고령자의 특성과 욕구에 맞는 주거환경과 근린시설 그리고 지역사회서비스 등의 확보가 매우 중요하다.

고령자를 위한 바람직한 주거가 갖추어야 할 조건은 다음과 같다.

표 1-14. 고령자를 위한 바람직한 주거의 조건

조 건	내 용
쾌적한 실내환경	단열처리와 효율적인 냉난방 설비의 사용을 통한 적정한 실내온도 유지, 자연환기와 친환경적인 재료의 사용을 통한 양질의 실내공기 유지, 단열구조와 마감재의 흡음성을 이용한 적합한 음향환경 유지, 창문의 크기, 위치, 형태를 결정할 때 고령자의 신체적, 심리적 건강에 지대한 영향을 미치는 경제적인 자원인 빛의 최대한 활용을 통한 적절한 빛환경 조성.
접근하기 쉬운 무장애 주거	주택 내외부에 바닥 차이가 없는 고른 바닥과 완만한 경사로, 보조 보행기나 휠체어 사용자를 수용하는 문과 통로의 폭, 이들의 동작에 필요한 눈에 보이지 않는 동작공간 확보, 필요한 곳에 지지대 등의 보조장치 설치.
안전한 주거	미끄럽지 않은 바닥, 둥근 모서리 처리, 자동경보시스템 등 사고방지.
도전과 자극을 주는 주거	고령자에게 신체적, 정신적으로 자극을 주어 도전해보게 함으로써 고령자가 강한 삶의 의욕을 갖고 적극적이고 활기있게 살 수 있는 환경 조성.
융통성 있고 통제 가능한 주거	상황에 따라 융통성있게 조절하여 사용할 수 있도록 된 공간구성은 고령자에게 자신의 선택하에 공간을 변경하여 사용할 수 있는 통제의 기회를 주고 이는 고령자를 그 주택에서 오래 살 수 있게 해주고 자립성을 유지하게 함.
사회적 접촉을 촉진시켜주는 주거	고령자에게 사회적 접촉은 인생 경험과 일상생활 등을 다른 사람과 공유하게 해주므로 가족, 친구, 이웃, 지역사회와 자연스런 접촉을 할 수 있게 함.
자연친화적인 주거	자연은 고령자의 정신적, 신체적 건강에 도움이 되므로 문의 위치나 창문의 위치, 크기 등을 결정할 때 주변 자연과 직간접적으로 접촉 용이하게 함.
관리가 용이한 주거	공간이나 가구의 마감재료를 선택함에 있어 청소가 용이하고 내구성 있는 재료 사용.

자료 : 고령자 재택을 가능하게 하는 주거디자인의 방향(오찬옥, 2002)

현관

표 1-15. 주거공간의 현관 기능을 고려한 계획요소

기 능	계획 요소
- 집 안팎을 연결하는 공간 - 주택의 출입구로서 다른 공간에 비해 크기는 작으나 외부인이 방문했을 때 그 집에 대한 인상을 강하게 받는 사회적 공간 - 손님을 맞이하는 공간인 동시에 원하지 않는 사람의 출입차단	- 출입자 통제 가능하게 함. - 문을 여닫기가 쉽게 함. - 문단속이 안전하고 간편해야 함. - 신발을 신고 벗기 편야함. - 드나들기 안전한 공간확보 - 외부와 내부의 단차로 인한 사고 발생 방지

현관문

현관문의 유효 폭(열었을 때 실제 통과할 수 있는 폭)은 85cm이상으로 하고 문이 열리는 방향으로 여유 공간을 확보한다. 신체 사이즈만큼 열리는 문으로 방범효과와 여름, 겨울철 냉난방 절감효과를 얻을 수 있다.

그림 1-63. 광주 고령친화 임시체험관 문폭 및 문턱 체험

문턱은 제거 하는 것이 가장 좋으나 기밀성을 위해 문턱을 그대로 두는 경우, 문턱과 외부 바닥은 1.5cm이하, 문턱과 현관바닥은 0.5cm이하로 처리한다.

여러 가지 높이의 현관을 만들어 체험해 볼 수 있게 하며 단차해소기를 사용할 수 있는 여유 공간을 확보한다.

여러 가지 문 손잡이를 여러 높이에서 체험해 볼 수 있게 한다.

그림 1-64. 현관 단차 체험.

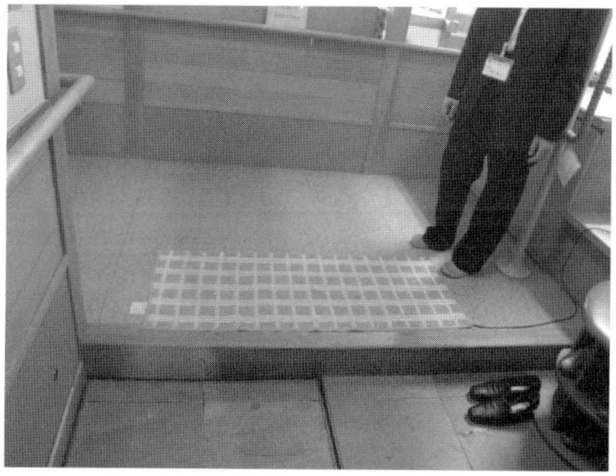

그림 1-65. 사람출입 시 알람벨이 울리는 현관매트

그림 1-66. 단차해소기(수직형리프트)

그림 1-67. BioKnob : 지문인식 자물쇠
자료 : http://www.tychisystems.com/

그림 1-68. Digital PeepHole Viewer : 현관 외부에 누가 있는가를 LCD 모니터를 통해 확인할 수 있으며 조작이 간편함.

자료 : http://www.secureview.co/

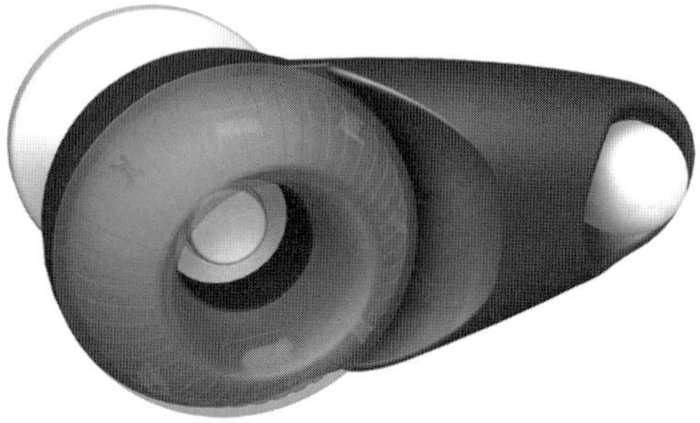

그림 1-69. Illumi-Knob : 유니버설 디자인 개념의 제품으로 문손잡이가 빛을 발광하여 어두운 환경에서도 사용을 할 수 있도록 함.

자료 : http://store.absolutelynew.com/content/products/illumi-knob

바닥마감

물 사용 공간에서 미끄러운 바닥재를 사용했을 경우 안전사고 위험에 대해 경험할 수 있다.

그림 1-70. 광주 고령친화 임시체험관 바닥재 체험

조명

사람의 출입을 감시하는 센서 등을 설치하여 사람의 출입 동작이 종료될 때까지 조명이 켜져 있도록 조정한다.

가구

신발장이 없는 경우 바닥에 놓여진 신발, 우산 등에 걸려서 넘어질 위험이 크므로 수납장을 마련하고 앉아서 신발을 신고 벗을 수 있도록 간이 의자 설치한다.

신발장 하부에 휠체어를 보관할 수 있는 공간을 마련한다.

그림 1-71. 한강 신도시 롯데캐슬 현관
: 현관에 빌트인 의자와 수납장이 설치되어 있음.
자료 : http://www.lotteapt.net/

안전손잡이와 핸드레일 설치

보행을 지원하는 안전손잡이는 엉덩이 높이 정도인 77~85cm의 높이에 연속적으로 설치한다. 현관에서 실내 마루로 올라가는 경계지점에 위치한 벽체는 안전하게 오르내리기 위한 안전손잡이를 설치하며 그 길이는 50cm 이상으로 하여 바닥에서 70cm높이에 수직으로 세워 설치한다.

우산건조기 설치

현관에 비오는 날 우산을 말릴 수 있는 장치를 설치해 빗물로 인해 발생할 수 있는 안전사고 위험을 예방한다.

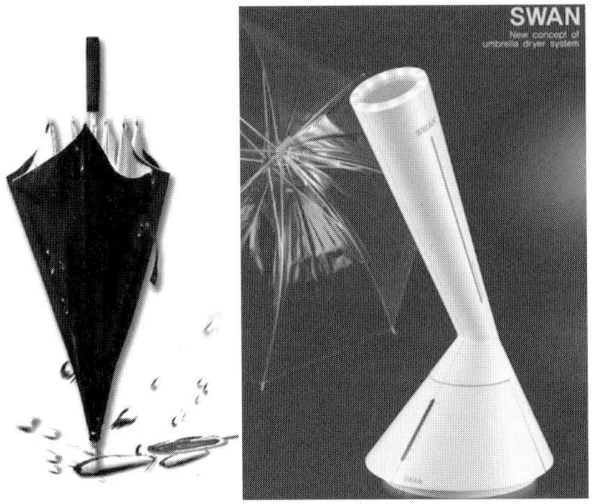

그림 1-72. 환경친화적인 우산 건조기-Swan Umblella Dryer (Designed by 노선미, 한국)
자료 : http://www.slashgear.com/

주호의 정체성 확보

주호의 입구에 그들의 추억이 있는 물건을 전시하여 고령자들의 정체성을 확보 할 수 있도록 배려한다.

그림 1-73. 출입구 정체성 확보

거실

표 1-16. 주거공간의 거실 기능을 고려한 계획요소

기 능	계획 요소
- 가족 전원이 쾌적하게 보낼 수 있도록 배려할 필요가 있음 - 일상생활공간은 특히 고령자들이 빈번하게 사용하는 공간(특정침실 등)으로 동선이 길어지지 않는 위치에 배려하고 가능하면 고령자가 사용하는 침실과 가깝게 배치함	- 주택내의 커뮤니케이션의 장소이자 다른 공간으로 이동하는 통로임을 감안 - 각자가 다른 일을 하면서도 동일 공간에 있는 것만으로도 화목해지는 가족의 단란의 중심적인 공간으로 계획 - 고령자들은 하루 중 가장 많은 시간을 거실에서 보내는 경우가 많다는 것을 고려

복도체험

복도를 지나는 중간 중간에 문을 설치하고 그 폭과 단 높이 문의 손잡이 등을 다르게 해 불편함과 편안함을 동시에 체험할 수 있도록 구성한다.

그림 1-74. 문폭별 체험

문 사이의 거리가 긴 곳에는 핸드레일과 안전손잡이를 높이별, 종류별로 설치해 높낮이에 따른 편안함과 불편함을 체험해 볼 수 있게 하며 보행을 돕기 위해 벽면으로부터 5cm 정도의 간격을 두고 75~85cm 높이에 직경 3.2~3.8cm 굵기의 안전손잡이를 설치한다.

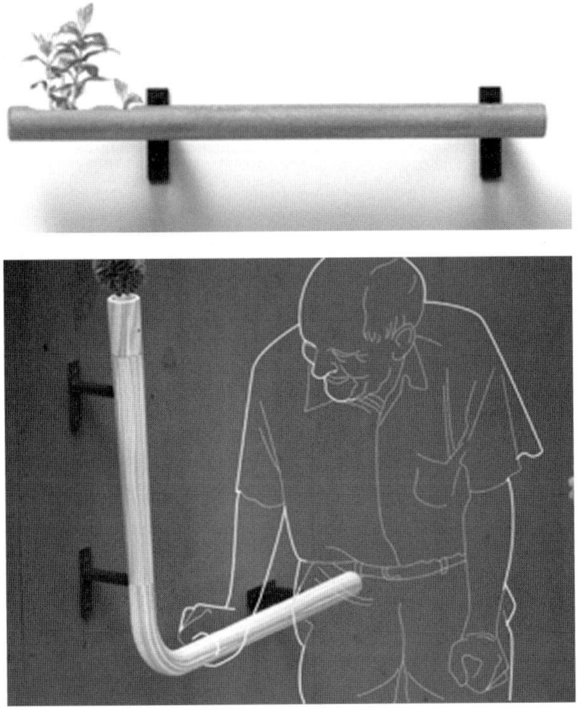

그림 1-75. Lively Handrail
(Designed by Sun Sichen, China)
자료 : http://www.behance.net/

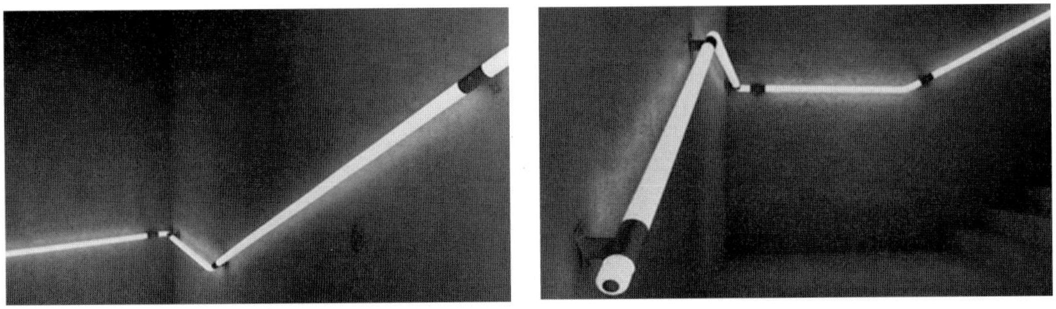

그림 1-76. LED Staircase Handrail (Designed by Zoran Sunjic, 크로아티아)
자료 : http://www.behance.net/

계단형 리프트 체험

계단이 있는 곳에 계단형 리프트를 설치해 고령자의 상하이동을 용이하게 한다.

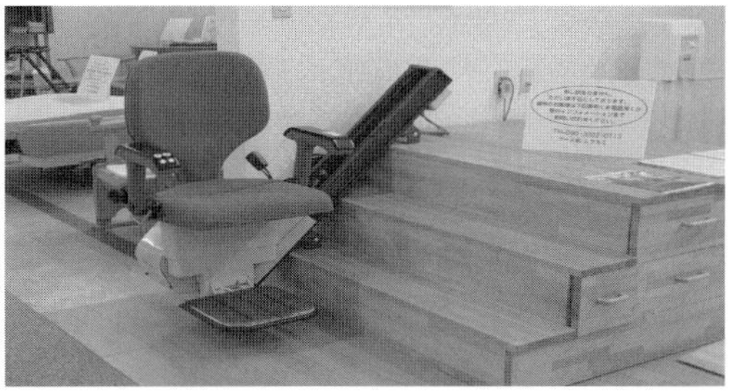

그림 1-77. 계단형 리프트

콘센트 및 스위치 높이 별, 휠체어 회전반경 체험

콘센트와 스위치를 높이별로 설치해 편안함과 불편함을 동시에 체험할 수 있도록 구성 하며 꼽기 쉬운 콘센트와 누르기 쉬운 스위치 형태를 구분해서 체험할 수 있게 한다. 조작하기 쉬운 크기의 스위치와 인터폰은 벽 모서리로부터 50cm 이상을 띄우고 80~120cm의 높이에 설치한다.

플러그를 꽂고 빼기 쉬운 형태의 콘센트를 찾아 50~85cm의 높이에 설치하고 콘센트가 부족할 때는 연장코드를 사용하면 걸려 넘어질 우려가 있으므로 신설하거나 추가로 설치하도록 한다.

휠체어 회전 반경 1,500mm을 고려해 가구를 배치하고 바닥에 회전반경을 표시한다.

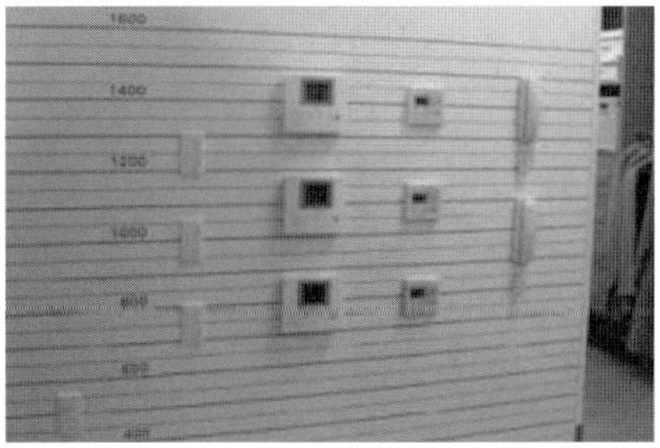

그림 1-78. 높이별 콘센트와 스위치

그림 1-79. 휠체어 회전 반경 : 1,500mm 이상 확보

그림 1-80. Handy Plug - Assistive Aid for the Elderly (Designed by Mark Hegarty's, Ireland)

자료 : http://www.behance.net/

그림 1-81. Green/Oulet(Designed by Toygar Targutay)
: 불필요하게 꽂혀있는 플러그를 자동적으로 뽑아 전력 낭비를 막아 줌.

자료 : http://www.environmentteam.com/

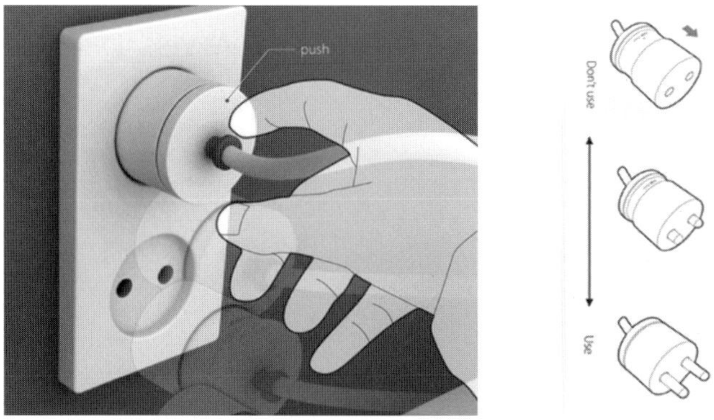

그림 1-82. Tok Took Plug (Designed by 강순모) : 볼편의 사용 원리를 이용해 디자인 되어 있어 플러그를 손쉽게 뺄 수 있음.

자료 : http://magazine.jungle.co.kr/

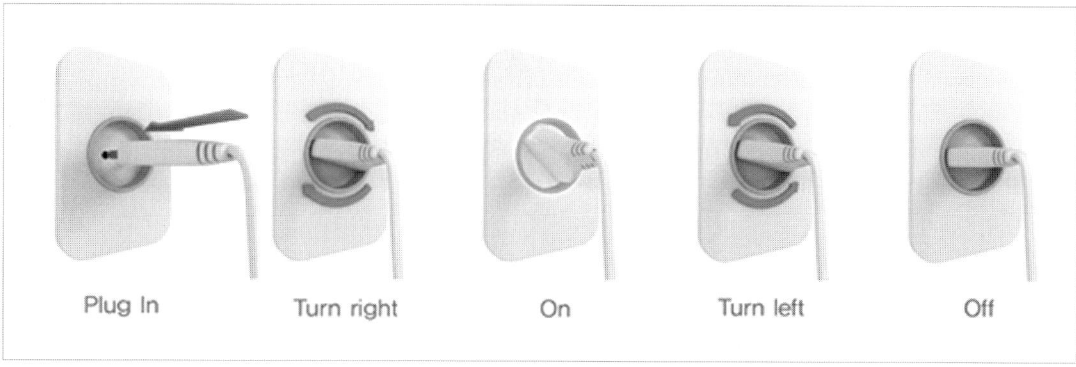

그림 1-83. Save & Safe(Designed by 허성준, 김용한): 안전하게 디자인 된 콘센트로 소켓안으로 날카로운 물건을 집어 넣어도 사고가 발생하지 않으며 돌려서 전력의 On/Off를 조절 할 수 있음.
자료 : http://www.designboom.com

조명

자연광을 최대한 도입하고 고령자의 약화된 시력을 고려하여 전반적으로 밝게 설정하며 조도를 조절하는 조도조절장치를 설치하고 전반조명과 국부조명을 병행하여 설치한다.

그림 1-84. 민들레홀씨램프-Secret of Light-Lamp(Designed by Qin Xue, Cao iXiaoxiao & Wei Hangshuai) : 둥근 홀씨모양의 전구는 모션센서가 내장되어 있어 램프를 좌우로 흔들면 On이 되고 후~불면 Off가 됨.
자료 : http://www.yankodesign.com/

그림 1-85. A Case Black Diamond(Designed by Yantouch) : LED조명으로 음악의 비트와 리듬에 맞춰 상황에 따른 LED 색상이 변함.
자료 : http://www.flyingsuicide.net

마감재

거실 바닥은 맨발에도 따뜻하고 안 미끄러운 감촉의 재료를 사용한다. 특히 휠체어 사용자를 고려하여 탄력성이나 마찰 저항이 적은 재료를 사용하고 긴 털이 달린 카페트는 휠체어 사용 시 마찰 저항이 생기므로 피하는 것이 좋다.

밝고 따뜻한 색채를 사용하되 시력이 약한 고령자는 색 구별 능력이 떨어지므로 가구와 대비되는 색채를 사용하는 것이 좋다.

가구

바닥에 앉았다가 일어서는 동작이 어려운 고령자의 신체특성을 고려하여 입식생활이 가능하도록 소파 및 의자를 배치한다. 특히 소파나 의자는 앉고 일어서기가 편하도록 팔걸이가 있는 것을 선택하고 쿠션이 너무 푹신거리거나 등받이의 경사가 심한 것은 피하는 것이 좋다.

안전을 고려하여 모서리가 둥근 가구를 선택하며 수납장은 무리 없는 자세로 물건을 넣고 뺄 수 있는 위치에 설치한다. 휠체어 사용자의 경우 접근이 가능하도록 하부 수납장을 제거하고 수납장 내부는 고정형 선반보다는 서랍식 선반으로 하고 내부에서 높이조절이 가능하게 한다.

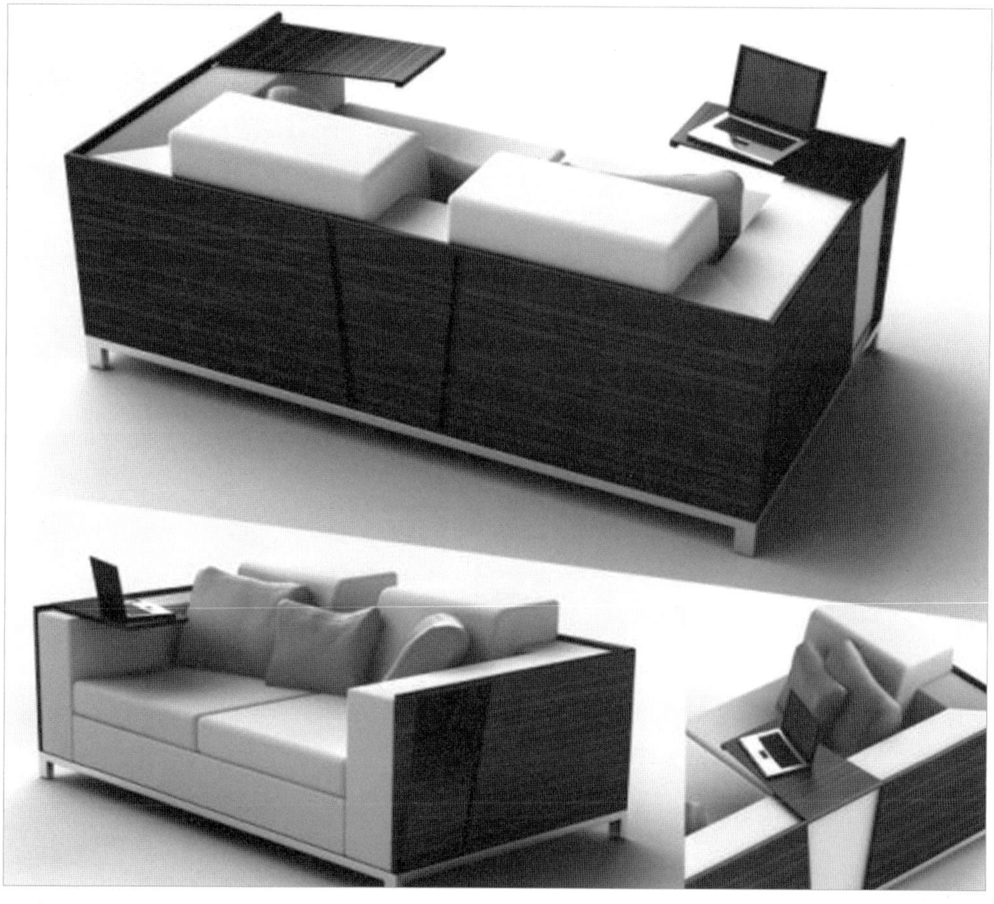

그림 Ⅰ-86. Trio Sofa Work While You Relax(Designed by Julia Hamid) : 집안에서도 편하게 쉬면서 작업할 수 있도록 워크스테이션을 제공하는 소파
자료 : http://www.furniturereporter.com

다기능 디지털 액자

가족들 간의 메모, 문자 메시지, 영상메시지를 주고받을 수 있는 터치스크린 액자이다. 인터폰과 연결이 되 있어서 통화 및 방문자 확인, 조명관리 등이 가능하다. 평소에는 거울, 가족 앨범으로 활용할 수 있고 멀티비전 TV시청, 영화감상, 오락, 음악 감상 등도 할 수 있다.

그림 1-87. 필립스사의 'In Touch Screen' : 터치스크린 메시지 센터로 변하는 거울로 여러 메시지를 한 곳에서 관리할 수 있고 가족 구성원들의 사진이 떠 있어서 메시지를 보낼 때 유용하며 스타일러스 펜을 이용해 메시지를 작성할 수도 있음.
자료 : http://www.wired.com/

미디어 테이블

단순한 테이블이 아닌 복합적인 기능을 갖추고 있는 다기능 미디어 테이블을 설치한다. 터치스크린 방식으로 인터넷, 교육, 오락 등의 기능을 수행하고 실시간 영상대화가 가능한 컴퓨터 시스템이 장착되어 있다. 그 외 집 상태를 확인하고 제어할 수 있으며 전자민원서비스, 디지털 전단지 등의 기능이 탑재 되도록 한다.

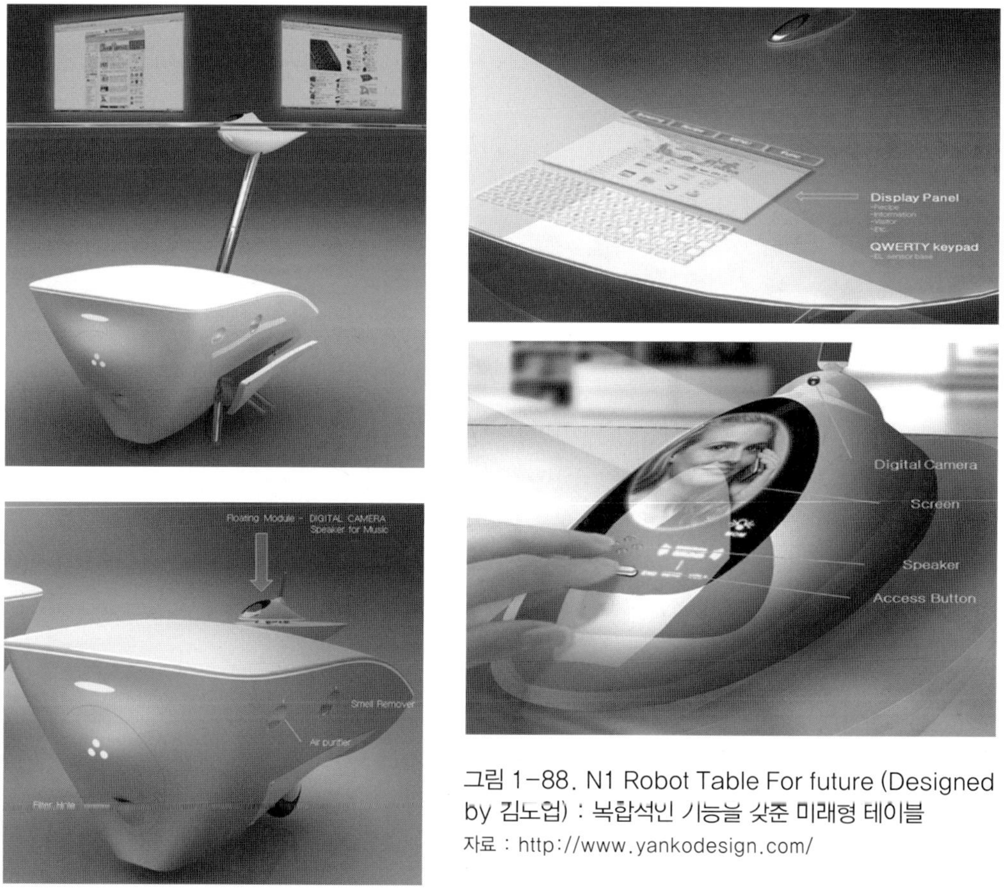

그림 1-88. N1 Robot Table For future (Designed by 김노업) : 복합적인 기능을 갖춘 미래형 테이블
자료 : http://www.yankodesign.com/

전동 블라인드

태양열과 빛으로 충전이 되는 친환경적 전동 블라인드를 설치해 사용자에 맞게 빛의 양을 조절할 수 있으며 밤에는 블라인드가 충전지를 사용해 조명의 역할을 할 수 있도록 한다.

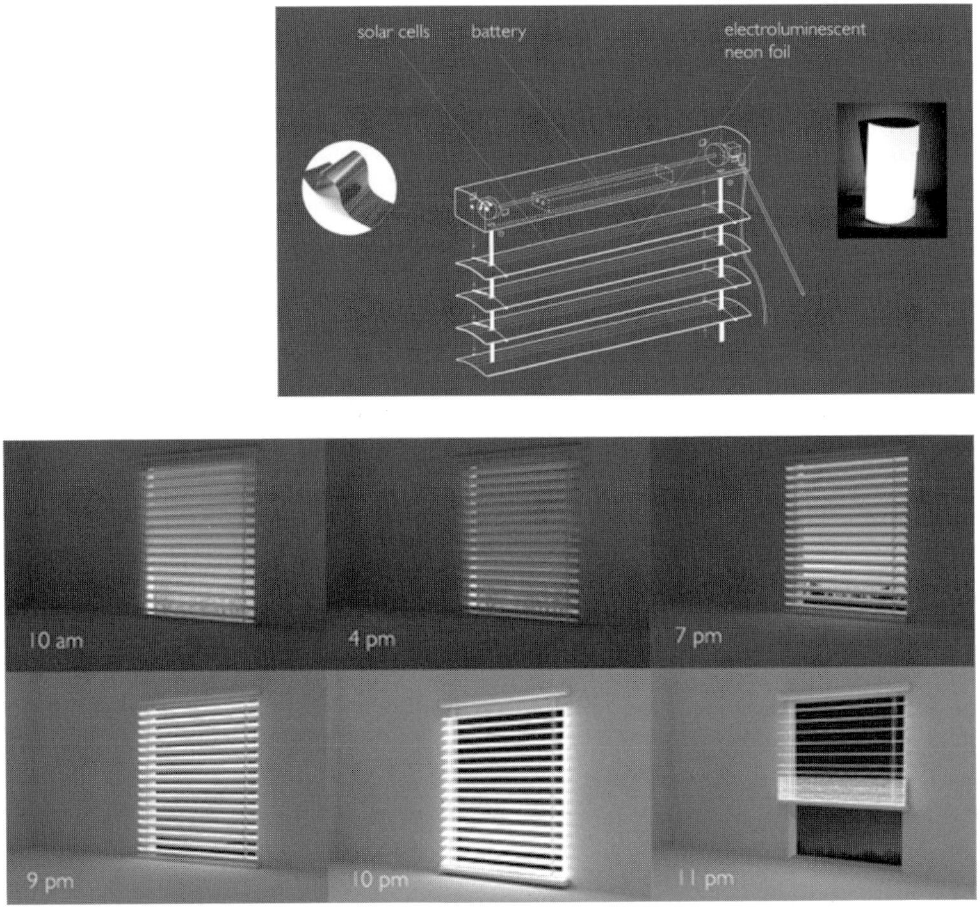

그림 1-89. Solar Blind : 낮 동안 태양열로 충전을 해 밤에 조명역할을 함.
자료 : http://inhabitat.com/

부엌

표 1-17. 주거공간의 부엌 기능을 고려한 계획요소

기 능	계획 요소
- 오랫동안 서서 작업하는 경우가 많음 - 물과 불을 사용하는 조리공간으로 환기에 신경 써야 함 - 오래 서서 작업하는 경우가 많음 - 다양한 크기와 종류의 그릇이나 조리도구를 사용하여 보관 함	- 부엌작업대 또는 수납장의 높이와 배치 형태 등을 편리하게 구성해야 하며 작업 시 적절한 조명과 조도를 사용해야 함 - 안전사고 발생 위험이 높은 공간이므로 화재발생 위험이 없는 마감재와 안 미끄러운 바닥재를 사용해야 함 - 조리할 때 생기는 연기나 냄새가 잘 빠지도록 함 - 부엌에서 사용하는 그릇과 조리도구를 효율적으로 보관하고 꺼내어 사용할 수 있는 수납공간 고려

작업대

휠체어 사용자를 고려하여 작업대 높이는 바닥으로부터 85cm 이하로 하고 편하게 일할 수 있도록 작업대 아래쪽에 무릎이 들어갈 수 있는 공간을 마련한다. 특히 휠체어가 자유롭게 드나들 수 있도록 작업대 하부는 65cm 높이까지 비워둔다. 서서 작업할 때에도 불편함이 없도록 스툴이나 바퀴달린 의자를 비치해 둔다.

그림 1-90. 조리 시 접근이 용이한 작업대

자료 : http://www.dmkbb.co.kr/accessible-kitchens/

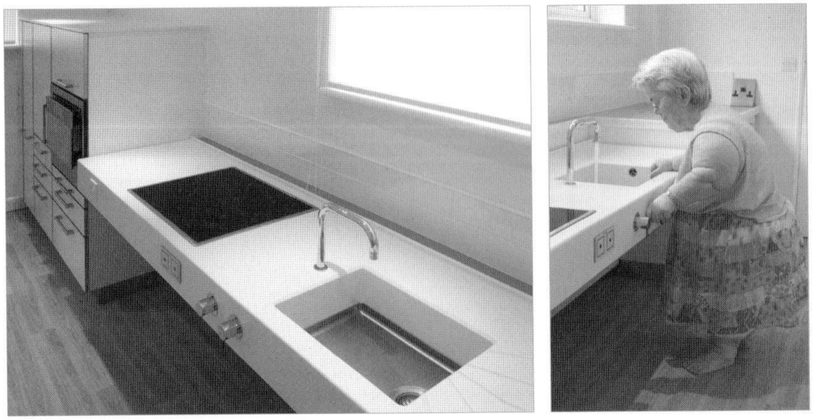

그림 1-91. 높이 조절이 가능한 전동싱크대
자료 : http://www.dmkbb.co.uk/accessible-kitchens/

그림 1-92. 휠체어 사용자를 위해 하부가 개방된 전동싱크대
자료 : http://www.dmkbb.co.uk/accessible-kitchens/

수납공간

물건을 쉽게 꺼내고 찾을 수 있는 편리한 위치에 수납할 수 있게 하고 쉽게 물건을 꺼내고 보관할 수 있는 서랍식이나 개방된 선반 형태의 수납장을 사용한다. 또 자주 쓰는 물품은 바닥으로부터 60~120cm 높이에 수납할 수 있게 한다.

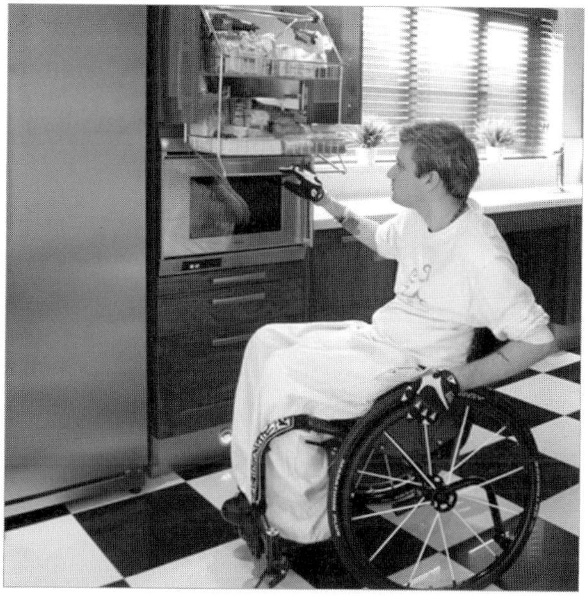

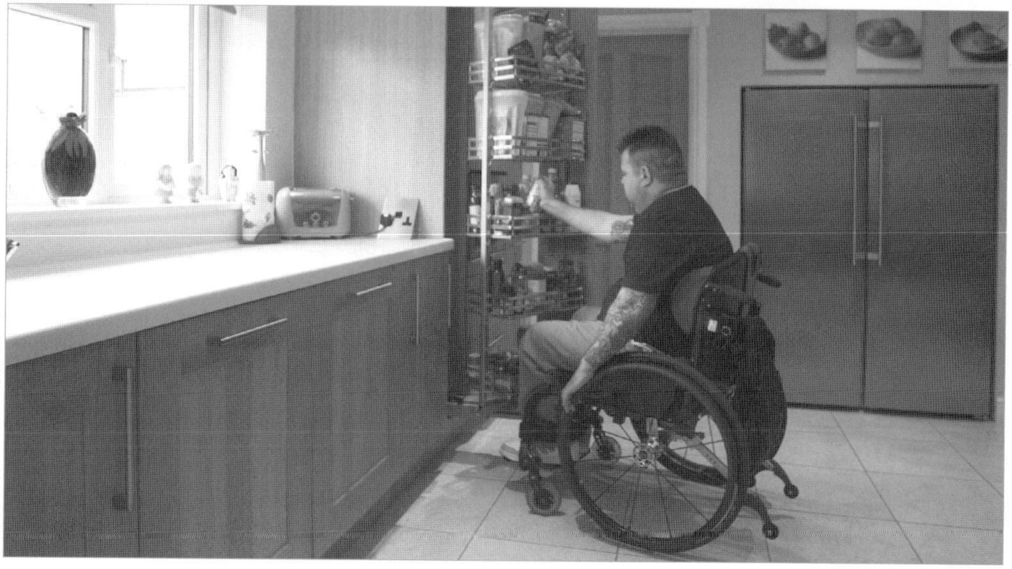

그림 1-93. 수납 및 사용이 편리한 부엌 수납장

자료 : http://www.dmkbb.co.uk/accessible-kitchens/

음식물 쓰레기 건조기

빌트인 형식으로 음식물 쓰레기를 분쇄해 주거나 건조 시켜 주는 등의 음식물 쓰레기 건조기를 설치한다.

스마트 냉장고

냉장고에 부착된 LCD모니터를 통해 냉장고에 보관중인 식품들의 유통기한을 알 수 있으며 이 재료들을 활용한 다양한 조리명과 요리방법도 볼 수 있다.

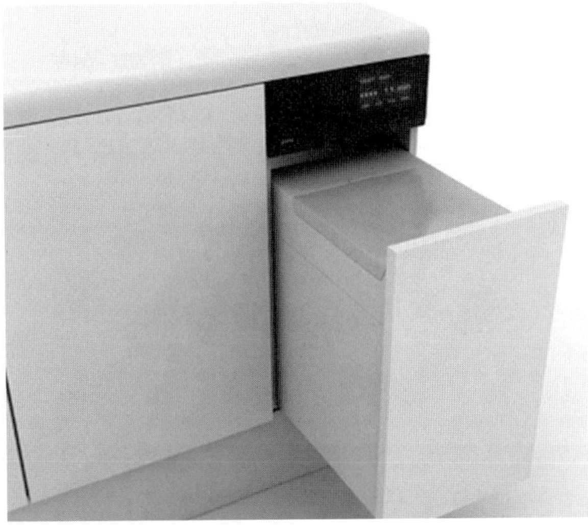

그림 1-94. FOODOO Food Waste Dispenser (Designed by 김정민) : 열을 이용해 음식물 쓰레기를 건조시켜주면서 냄새를 제거함.

자료 : http://www.yankodesign.com

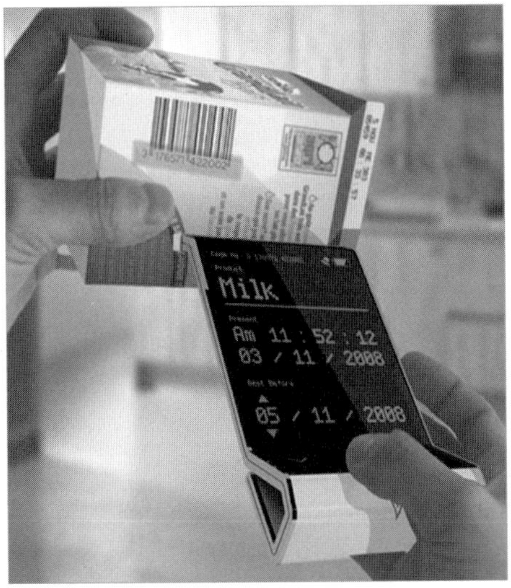

그림 1-95 . Unforgetable (Designed by 안상현) : 냉장고 안에 저장된 식품의 유통기한을 냉장고 문에 부착된 이 기기를 통해 알 수 있으며 경고음으로 만기일을 알려줌.

자료 : http://www.tuvie.com/

인덕션과 환풍기 사용

고령자가 되면 후각 기능이 떨어져 가스 렌지의 가스가 셀 때 그 냄새를 잘 인식할 수 없어 안전사고가 발생하기도 하므로 전기 쿡탑(인덕션)을 설치한다.

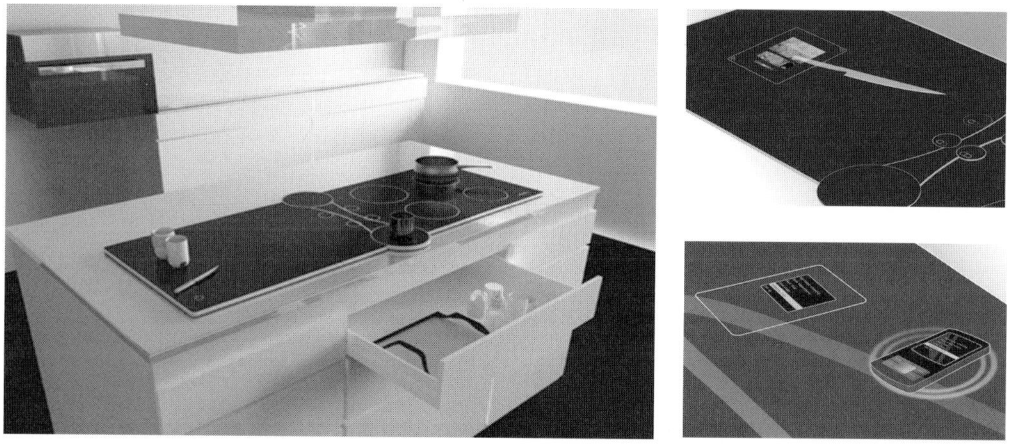

그림 1-96. Miele Mini(Designed by Foona McAndrew & Conor Fallon) : 쿡탑과 빌트인 아일랜드 바 형식의 싱크대에 터치스크린과 블루투스 기술을 접목시켰음.

자료 : http://www.yankodesign.com

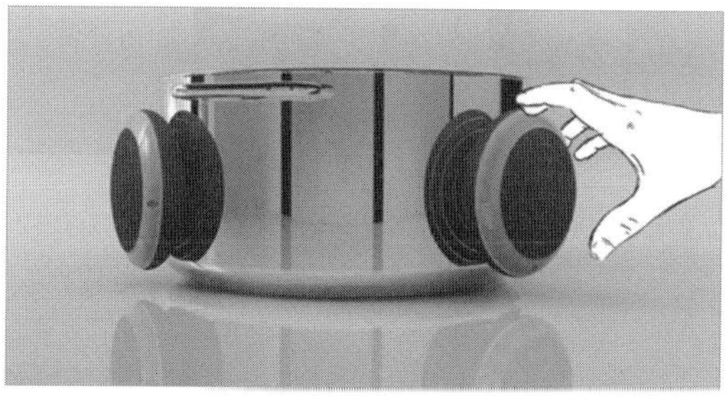

그림 1-97. Stoov-전기 가열 스토브(Designed by Mathieu Baele) : 휴대할 수 있고 조리 용기에 붙여 터치스크린을 이용해 온도를 설정할 수 있음.

자료 : http://apparichith.wordpress.com/

렌지후드와 식기건조대 설치

발꿈치로도 리모콘 조절이 가능한 렌지 후드와 사용하기 편리한 높이에 식기건조대를 설치한다.

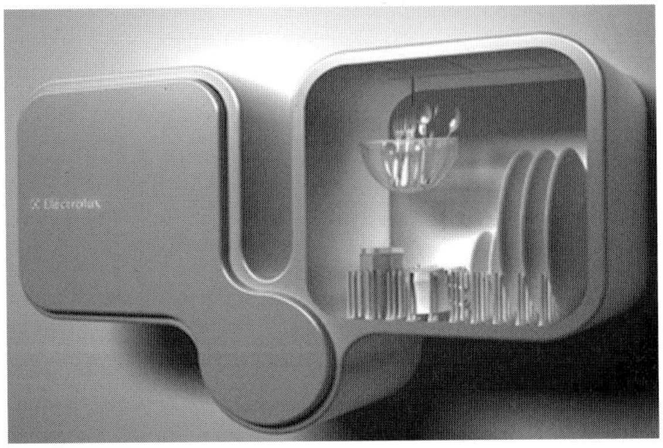

그림 1-98. Bifoliate Wall-Mounted Double Dish-washer (Designed by Toma Brundzaite) : 벽면에 설치하여 사용하는 식기세척기로 공간을 효율적으로 사용할 수 있음.

자료 : http://www.yankodesign.com

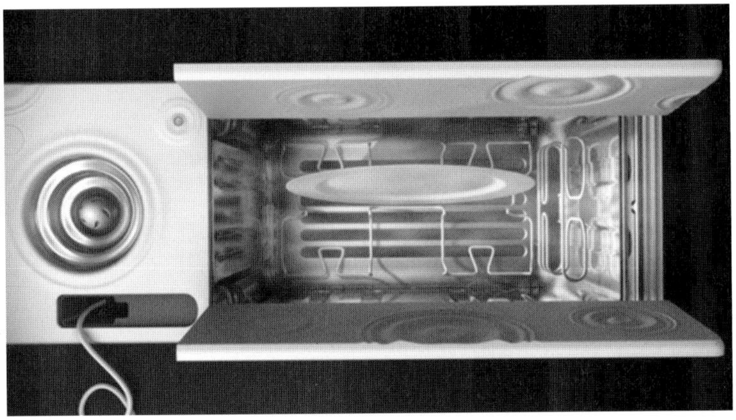

그림 1-99. KEWA(Kinetic Efficient Water Appliance), (Designed by Pietro Russomanno) : 빌트인 식기세척기로 몸을 숙이지 않고도 편히 사용할 수 있음.

자료 : http://www.yankodesign.com

온도조절이 가능한 절수형태 수전

한손으로 사용 가능하거나 단순 터치로만으로도 조작할 수 있는 기능을 가진 수도꼭지나 온도 상태를 색으로 보여주는 디지털 수전을 설치한다.

물의 사용량이 표시되는 친환경적 디자인 수전설치를 통해 물을 절약할 수 있다.

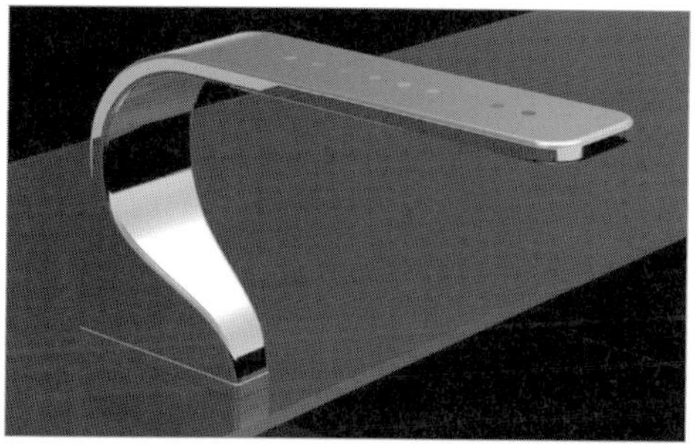

그림 1-100. Tempdot Faucet (Designed by 한재석) : 둥근 점을 눌러 온도조절을 할 수 있는 수전

자료 : http://www.yankodesign.com

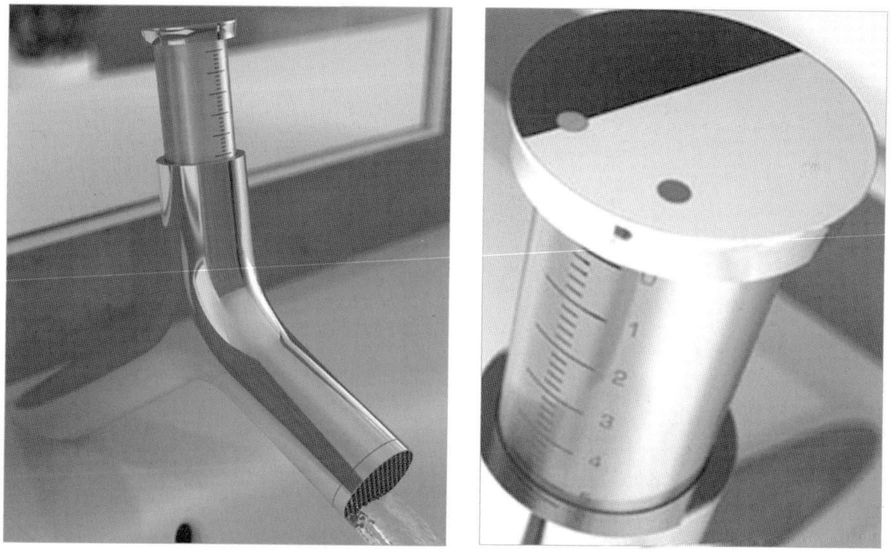

그림 1-101. Quantum Tap(Designed by Dennis Kulage & Michael Scherger) : 주사기 같은 펌프식 핸들을 장착하여 사용할 물의 양을 설정할 수 있는 수전

자료 : http://www.yankodesign.com

기타 부엌용품들

그림 1-102. Mele Cultivate System Fresh Fruits(Designed by Edin Mcnally & Ian Walton)
: 신선한 과일과 채소를 가정에서 직접 길러 먹는다는 컨셉으로 디자인 된 제품

자료 : http://www.yankodesign.com

그림 1-103. Water Shade (Designed by Yitu Wang) : 세균을 막아주고 산소를 발생시키는 물 차양막을 쳐 과일의 신선함을 유지시켜주는 과일 쟁반

자료 : http://thecoolgadgets.com/

그림 1-104. Three-in-One Frying Pan : 하나의 프라이팬으로 여러 종류의 음식을 요리할 수 있어 에너지 사용량을 줄일 수 있음.

자료 : http://jcu.export-japan.com/

그림 1-105. Mago5 Spice Rack : 작업대 상부 수납장 아래 부분이나 벽에 조미료랙을 고정시킨 후 뚜껑에 자석이 부착된 조미료 통을 거치할 수 있음.

자료 : http://defianceanddefenders.blogspot.kr/

침실

표 1-18. 주거공간의 침실 기능을 고려한 계획요소

기 능	계획 요소
- 고령자에게 있어 침실은 야간의 수면뿐만 아니라 천천히 느긋하게 쉬기 위한 중요한 공간 - 침실은 취침, 휴식, 취미생활, 옷 갈아입기 등을 할 수 있는 공간	- 프라이버시 보장 - 개성과 기호가 고려된 공간으로 계획 - 침실은 침구나 의류수납 공간확보 - 채광이나 환기, 차음이 잘되는 쾌적한 공간으로 계획 - 거실이나 식당과 가까운 곳에 배치 - 욕실이나 화장실 가까이에 배치 - 비상시에는 탈출이 용이하고 외부공간에 나가기 쉽도록 발코니나 테라스와 연결

출입문

출입문의 유효 폭은 85cm이상으로 하며 휠체어 사용자의 경우 출입이 원활하도록 90cm이상으로 하는 것이 좋다.

그림 1-106. Ergon Twoway Door(Designed by Venetian Celegon)
: 손쉽게 열리고, 중앙축선을 따라 회전하여 문이 열리면서 문짝이 가운데로 걸쳐지는 방식이라 소모된 공간의 50%를 줄일 수 있음.
자료 : http://www.toxel.com/

특히 유효 폭 확보를 위해 여닫이 문은 90도 이상 열려야 한다. 침실문의 종류는 여닫기 쉽고 안전한 것으로 선택하며 미닫이 문이나 오토 슬라이딩 도어를 사용하는 것이 더 바람직하다.

미닫이 문은 문지방을 바닥에 매입시키거나 문틀 상부에 매달아 바닥의 문턱을 없애는 것이 좋다. 문손잡이는 둥근 손잡이를 피하고 사용이 편리한 레버형이나 막대형 손잡이로 교체한다. 그밖에 고리형 손잡이나 누름판형 손잡이도 편리하다.

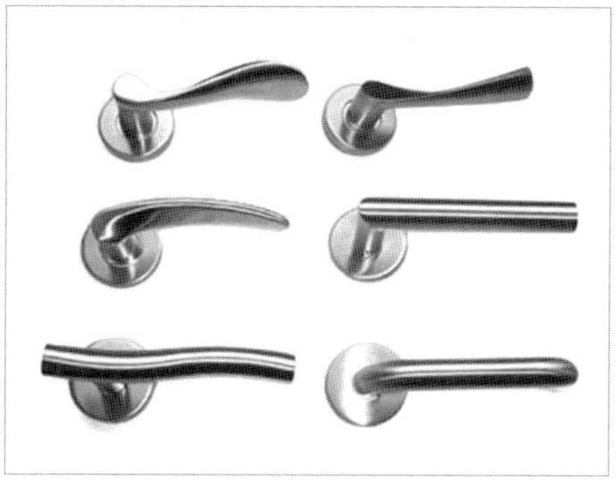

그림 1-107. 레버형 도어핸들

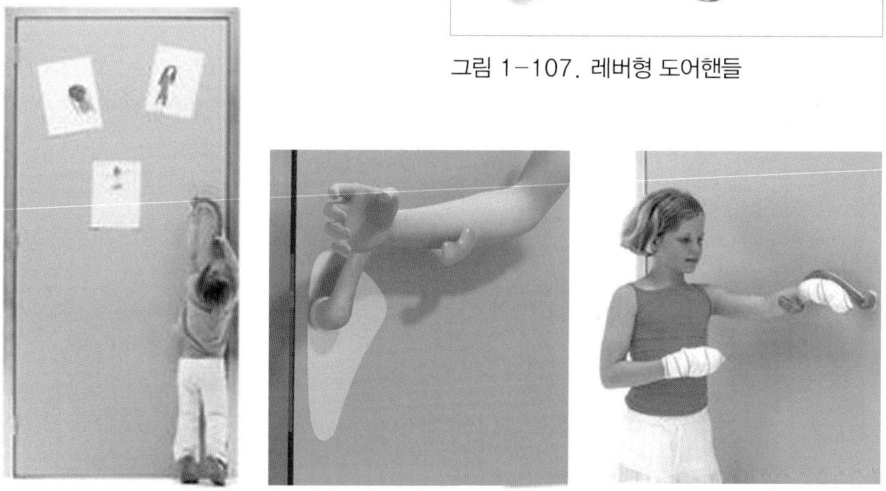

그림 1-108. Ulna Hands-Free door opener : 다양한 방식으로 쉽게 문을 열수 있도록 디자인 된 도어핸들.
자료 : http://www.archiexpo.com/

창문

외부출입이 어려운 고령자를 고려해 채광과 경관이 좋고 접근이 용이한 위치에 창문을 설치한다. 창턱 높이는 누워있는 상태에서도 사계절의 변화를 즐길 수 있고 사람의 움직임을 알 수 있으며 외부를 조망할 수 있는 45cm 이하로 하는것이 좋다. 창문에는 눈부심을 방지하고 프라이버시를 위해 블라인드나 커튼을 설치한다.

그림 1-109. 침실조망 확보.

그림 1-110. The Most Attractive Curtains Ever Made (Designed by Florian Krautli) : 커튼천에 수백개의 자석이 부착되어 있어 고령자들도 쉽게 걷을 수 있고 모양을 낼 수 있음.

자료 : http://www.yankodesign.com

그림 1-111. Twilight(Designed by Camila Possato, Renan Oliveira)
: 실내를 시원하게 하고, 방향제를 분사하며, 스크린을 내려 이미지를 보여주어 커튼 역할을 하기도 함.

자료 : http://www.coroflot.com/

바닥마감재 및 스위치, 콘센트

침실의 바닥은 안전사고에 대비하여 미끄럽지 않은 재료를 사용한다. 침실 입구와 침대 양쪽에서 점등할 수 있도록 삼로 스위치[6]를 설치하거나 무선 스위치를 설치한다.

침대 주위 바닥으로부터 80~90cm에 조작이 용이하고 쉽게 확인할 수 있는 대형 스위치를 설치한다.

콘센트는 플러그를 꽂고 빼기 쉬운 형태로 선택하고 바닥으로부터 40cm 내외 벽모서리로 부터 50cm 간격을 두고 설치한다.

---

6) 삼로 스위치(Three-way Switch : 하나의 전등에 스위치를 두개소에 설치하여 그 중 어느 것을 사용하여도 점등되는 스위치

조명 및 비상연락장치

취침 시 야간 보조 등(Night Lamp)으로 사용할 수 있는 조명기구나 콘센트에 꽂는 조명기구를 설치한다. 특히 취침 시 점등이 용이하도록 손이 닿기 쉬운 위치에 조명스위치를 설치하는 것이 좋다.

침실에는 긴급 상황에 대비하여 손이 닿기 쉬운 위치에 비상연락장치를 설치한다.

침대를 사용하는 경우 침대에 누워서 손이 쉽게 닿을 수 있는 침대 바로 윗부분이나 협탁 근처에 비상 연락 장치를 설치하고 요를 사용하는 경우 요에 누워서도 손이 닿을 수 있는 위치에 설치한다.

그림 1-112. UFO Lamp(Designed by Baita Design) : UFO처럼 공중에 뜨는 자기력 조명기구로 발로 조절할 수 있음.

자료 : http://trendsupdates.com/

침대 및 탁자, 의자

침대에 누운 상태에서도 전화, 비상장치, 조명기기 등을 쉽게 이용할 수 있도록 이를 비치할 탁자를 침대 가까이 마련한다.

침대의 높이는 40~45cm가 적절하며 휠체어 사용자가 침대를 사용할 경우 휠체어 좌면의 높이는 45~50cm정도로 하고 높이 조절이 가능한 침대를 쓰는 것이 좋다.

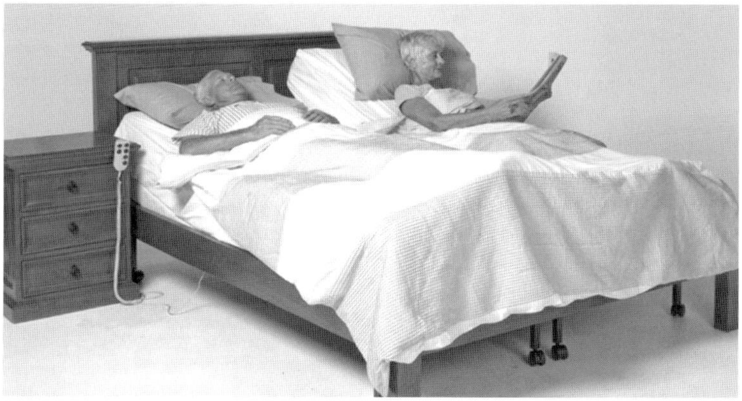

그림 1-113. Adjustable Beds
자료 : http://www.blueskyhealthcare.com.au/

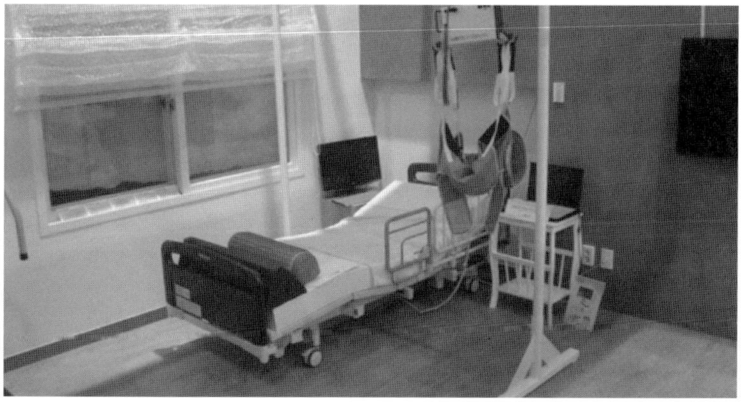

그림 1-114. 와상 노인용 침실

신체기능이 떨어진 고령자는 바닥에 앉았다 일어서기가 불편하므로 침실에 의자를 배치한다. 단 의자는 팔걸이가 있되 의자바닥이 너무 푹신하거나 등판의 각도가 많이 벌어진 것은 피하는 것이 좋으며 의자바닥의 높이는 40~45cm 으로 한다.

그림 1-115. Ashley Electric Lift & Recliner Chairs : 리모콘으로 각도 및 높이 조절이 가능한 의자
자료 : http://www.mobilitycare.net.au/

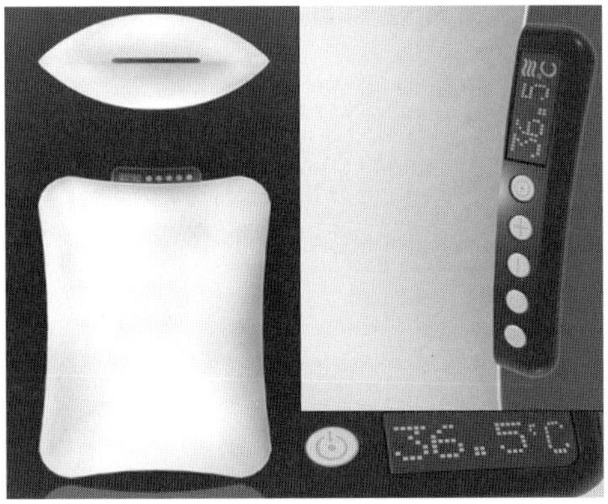

그림 1-116. Pillows Degree Celsius : 숙면을 돕기 위해 디자인된 베개로 머리를 따뜻하게 해주며 태양 빛으로 충전하고 아로마 분사 기능이 있음.
자료 : http://www.yankodesign.com

그림 1-117. Dyson사의 Hot + Cool™ Fan : 날개가 없는 냉·온풍기로 고령자들의 안전사고 위험감소
자료 : http://www.dyson.com/fans/fansandheaters.aspx

수납장

수납장의 내부는 고정형 선반보다는 카트식 선반이나 서랍으로 구성하고 수납장의 여닫이문은 접이식 문으로 설치한다. 특히 옷걸이 봉이나 선반의 높이는 조절할 수 있도록 한다.

사용 빈도가 높은 생활용품을 쉽게 꺼내쓸 수 있도록 높이는 60~120cm, 길이는 60cm이상, 폭도 1인 기준으로 최소한 180cm를 확보한다.

그림 1-118. 슬라이딩 형식의 수납장과 잡아 당겨서 꺼낼 수 있는 옷걸이
자료 : http://www.houzz.com/

욕실 및 화장실

표 1-19. 주거공간의 욕실 및 화장실 기능을 고려한 계획요소

기 능	계획 요소
- 욕실 및 화장실은 물을 사용하는 공간이므로 거동이 불편한 고령자에게 일어날 수 있는 안전사고에 대비함 - 안전사고가 가장 많이 발생하는 공간임을 고려해야 함	- 욕실의 문턱을 제거하며 바닥은 단차를 없애고 물에 젖어도 미끄럽지 않은 재료로 마감함 - 세면대, 욕조, 샤워기, 양변기 주변에 안전손잡이를 설치하도록 함 - 욕실 및 화장실에는 세면대, 욕조, 샤워기, 양변기 이외에도 거울, 수건걸이, 휴지 걸이, 수납장, 선반이 필요함 - 스위치, 콘센트, 조명, 환기팬 등의 전기설비, 온도조절을 위한 냉난방설비, 위급상황에 대비하기 위한 비상 연락 장치를 설치해야 함

최소 규모

고령자가 혼자 또는 타인의 도움을 받아 안전하게 씻고, 용변을 볼 수 있는 최소 규모를 확보하고 세면대, 욕조, 양변기는 접근하기 쉽게 배치한다.

안전손잡이가 부착된 벽으로부터 양변기 중심까지 45cm 유효공간을 확보하며 활동공간을 확보하기 어려운 경우 욕조를 없애고 샤워실로 변경한다. 휠체어나 의자에 앉아서 이용할 수 있도록 세면대 하부에 여유 공간을 확보한다.

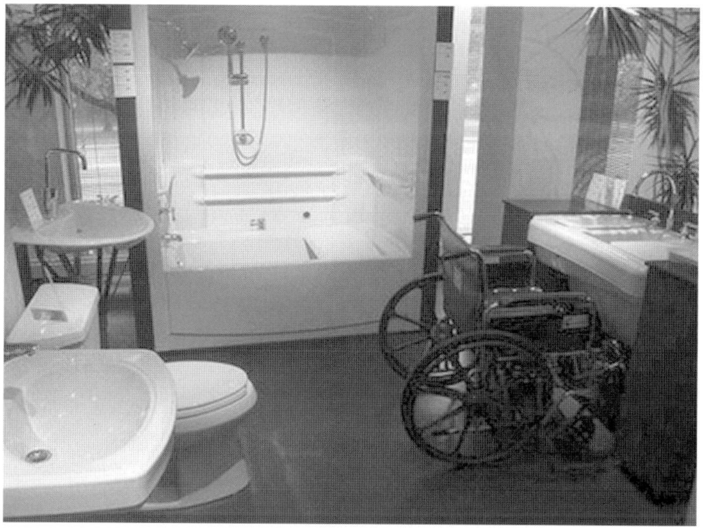

그림 1-119. 고령자를 위한 욕실 공간
자료 : http://suite101.com/

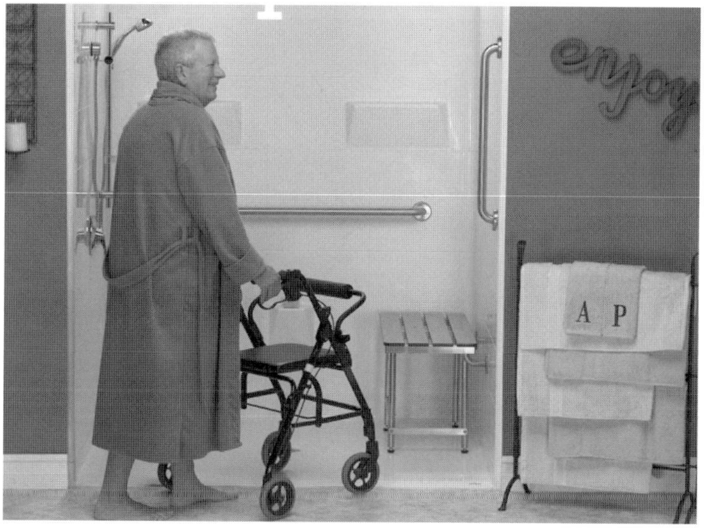

그림 1-120. 고령자를 위한 샤워 공간
자료 : http://www.freedomshowers.com/

출입문, 문 손잡이, 문 잠금장치, 문 턱

문은 밖으로 열리는 여닫이문으로 하며 폭은 85cm 이상 확보하고 유효폭을 확보하기 위해 90도 이상 열리도록 한다. 활동공간을 확보하기 위해서 샤워실은 미세기 문, 접이문으로 하거나 커튼을 다는 것이 좋다.

문 손잡이는 레버형이나, 누름판형으로 하며 바닥으로부터 85~100cm 높이에 설치하고 문 잠금장치는 조작이 용이한 버튼형 잠금장치로 설치한다.

문 턱은 제거하거나 바닥에 매입시키며 문턱이 있더라도 1.5cm 이하로 한다.

그림 1-121. 고령자를 위한 슬라이딩 도어

자료 : http://www.digsdigs.com/

바닥 마감재

안전사고에 대비하여 바닥은 물에 젖어도 미끄러지지 않은 타일로 마감하고 일반 타일일 경우에는 미끄럼 방지용 스프레이를 뿌린다.

욕조 바닥에는 미끄럼 방지용 패드를 부착하고 바닥은 식별하기 쉽게 위생도기와 대비되는 색으로 마감한다.

그림 1-122. 미끄럼방지 스프레이 : 눈으로 식별이 불가능한 (2~6마이크로미터) 구멍을 약 8~11만개 정도 생성하여 재질의 변화나 색상에 전혀 변화 없이 반영구적인 미끄럼 방지효과를 줌.
자료 : blog.noroo.co.kr

비상연락장치

위급상황에 대비하여 손이 닿기 쉬운 위치에 설치하는데 주로 양변기나 욕조 옆에 설치하는 것이 좋으며 조작하기 쉬운 형태를 선택한다.

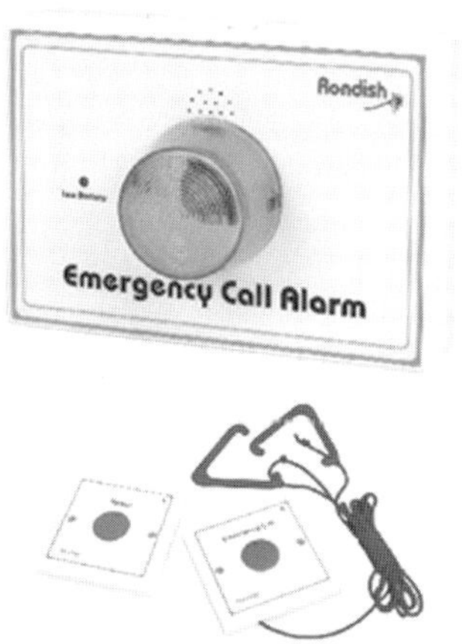

그림 1-123. 비상벨 설치 : 화장실이나 욕실을 사용 중 도움이 필요 할 때 영상과 음성 경고 알람이 울림.
자료 : http://www.independentliving.co.uk/

세면대

세면대의 상단 높이는 바닥으로부터 75-85cm 이하, 하단 높이는 바닥으로부터 65cm 이상이 되게 설치하며 세면대 하부에 여유 공간을 확보한다.

세면대 하부의 급수관은 온수로 인한 화상을 예방하기 위해 단열재로 피복하거나 덮개로 씌우는 것이 좋다.

수전은 조작이 용이한 레버형이나 센서형으로 하며 수온조절이 용이한 냉·온수일체형이 좋다.

거울은 세면대 상부의 벽면에 15도 경사지게 부착하거나 전면거울을 설치하며 보행이 곤란한 경우를 대비하여 세면대의 양 옆에 수평 안전손잡이를 설치한다.

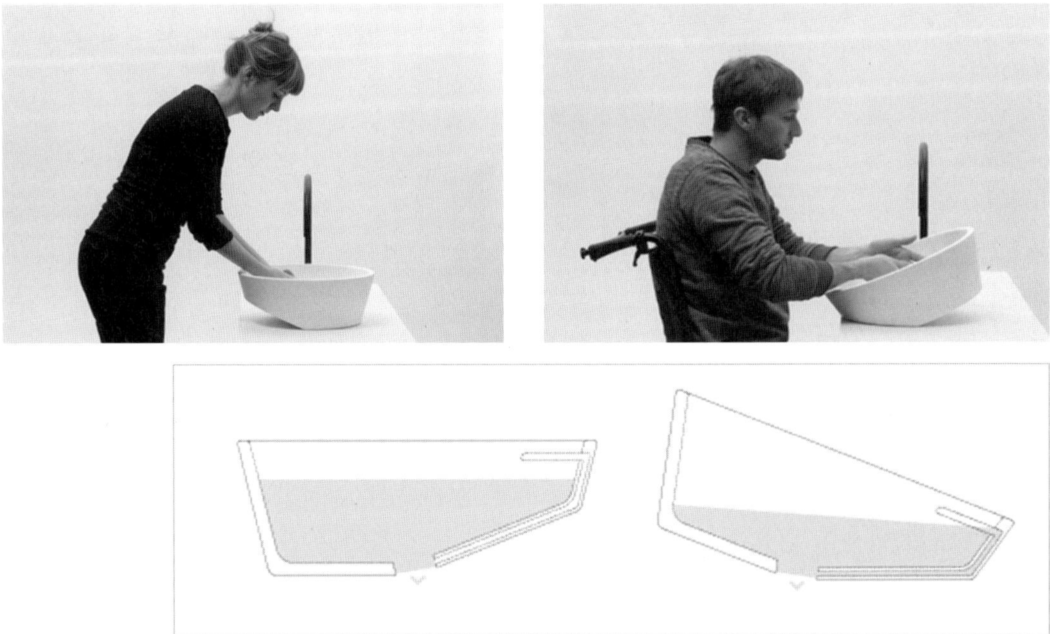

그림 1-124. Tilting Sink : 세면대의 각도를 조절할 수 있어 어느 누구에게나 편리함.
자료 : http://www.gwenolegasnier.fr/

그림 1-125. W + W(Designed by Gabriel & Oscar Buratti): 양변기와 세면기의 올인원 디자인으로 세면대에서 버려지는 물을 바로 양변기의 물로 재활용할 수 있어 평균 물 사용량의 25%까지 절감할 수 있는 친환경 디자인

자료 : http://www.pressalitcare.com/

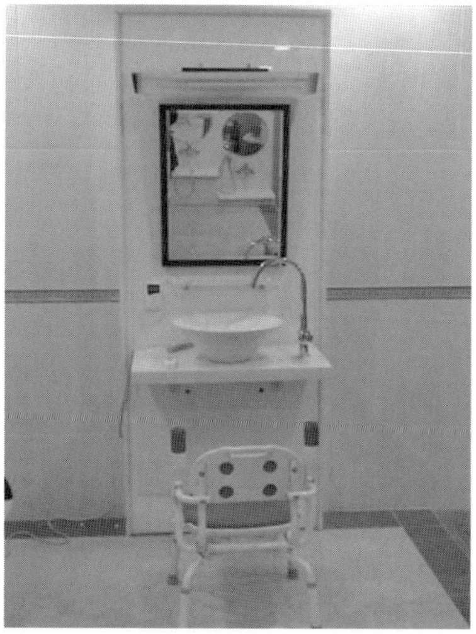

그림 1-126. 높낮이 조절이 가능하며 거울상부에 조명이 달려있어 더 잘 보이는 세면대

욕조

욕조 상부가 바닥으로부터 40~45cm 높이에 오도록 하고 욕조와 같은 높이에 좌대를 설치한다.

수전은 조작이 용이한 레버형이나 센서형으로 하며 수온조절이 용이한 냉·온수 일체형으로 하며 안전손잡이를 욕조 주변에 설치하고 욕조 바닥에 미끄럼방지용 매트를 깐다.

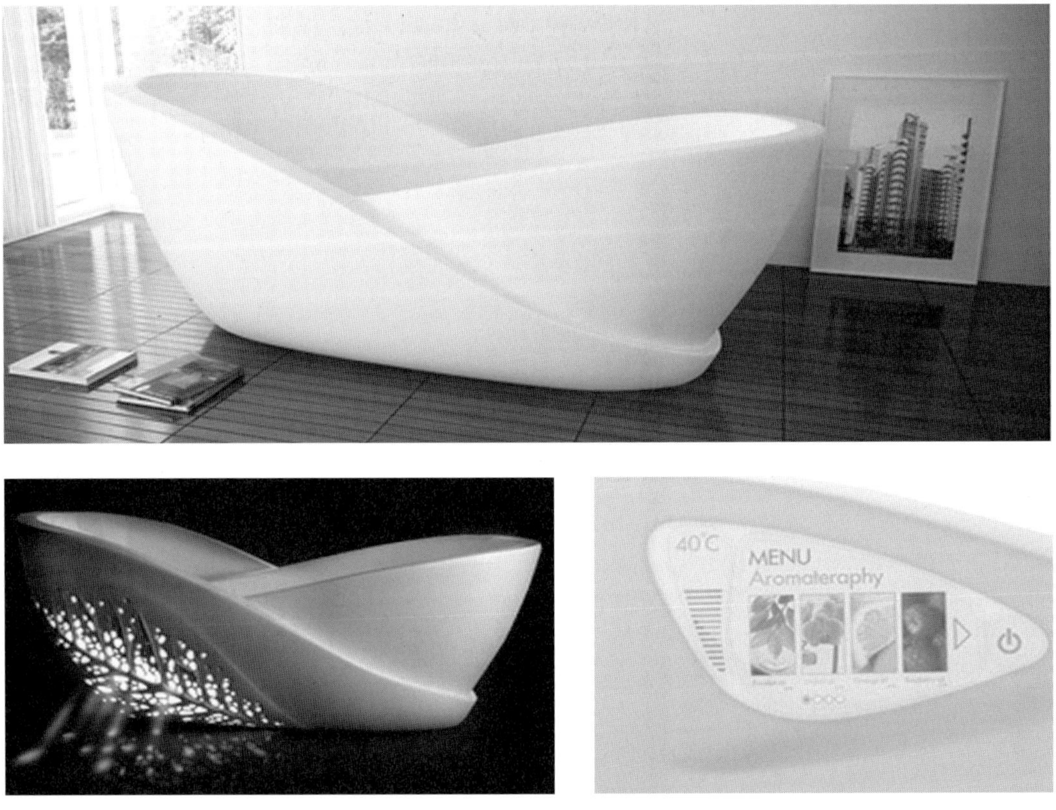

그림 1-127. 컴퓨터가 내장된 욕조 : 모니터를 통해 온도, 물의 높이, 속도 조절이 가능하고 아로마 테라피도 할 수 있는 욕조
자료 : http://www.bornrich.com/

그림 1-128. 매입식 욕조 : 입욕 시 다리를 들어 올릴 필요가 없어서 안전사고 위험 감소

자료 : http://bathroom-interior-design-ideas.blogspot.kr

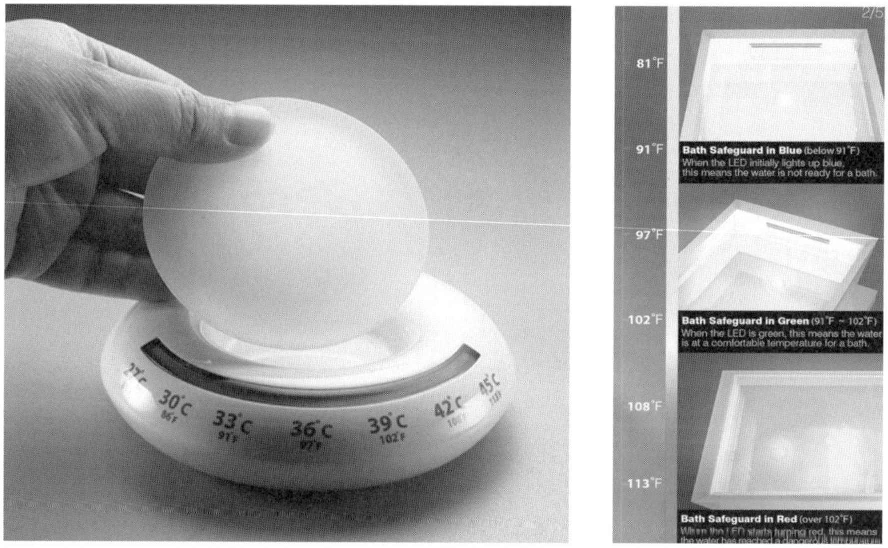

그림 1-129. Safe Guard(Designed by Kai chen) : 욕조내 물의 온도에 따라 다른 색상의 빛을 보여주는 센서

자료 : http://www.yankodesign.com/

샤워실

샤워기 걸이는 높이조절이 가능한 것으로 바닥으로부터 100-190m 높이에 벽 모서리로부터 35cm 떨어진 위치에 설치한다.

샤워기 주변에 수평 안전손잡이와 수직 안전손잡이를 설치하고 샤워용 의자의 크기는 40×45cm로 하고 벽으로부터 의자 중심까지 50cm 떼어서 바닥에서 45cm 높이에 배치한다.

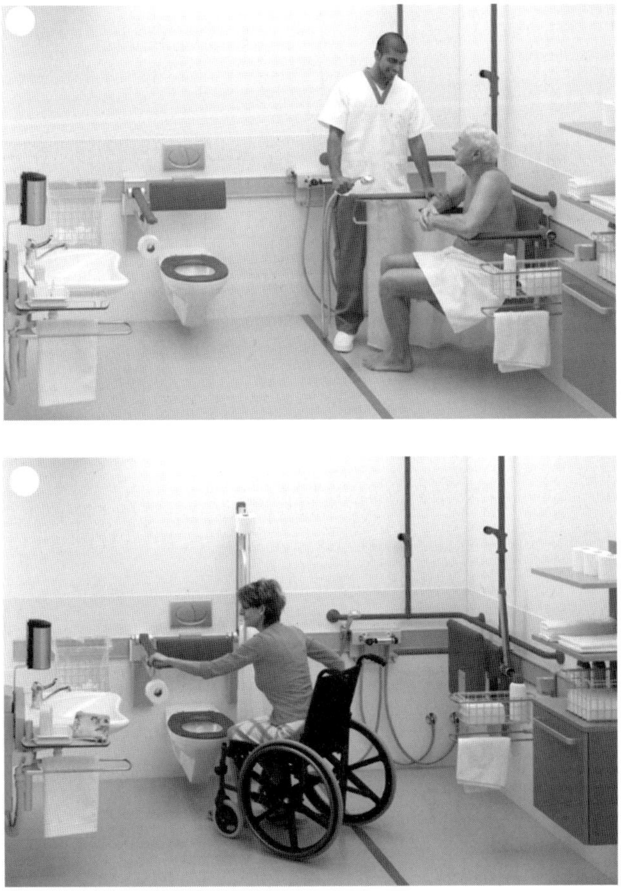

그림 1-130. 고령자를 위한 유니버설 디자인 욕실
자료 : http://www.pressalitcare.com/

양변기

바닥으로부터 40-45cm 높이에 설치하며 양변기의 물 내림장치는 앉은 상태에서 이용하기 쉬운 위치에 배치한다.

손잡이는 센서형, 누름 버튼형, 레버형 손잡이 중에서 선택하고 양변기에 앉아서 손이 닿기 쉬운 위치에 휴지 걸이를 설치한다.

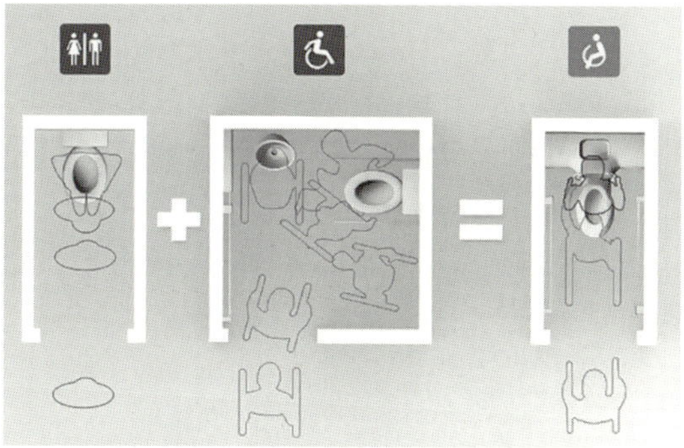

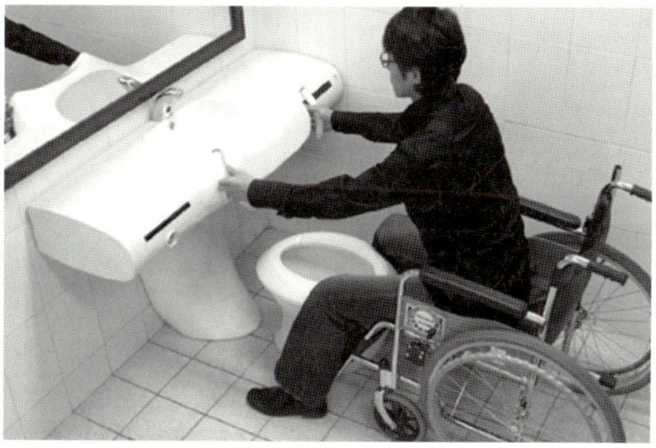

그림 1-131. Universal Toilet for the Disabled(Designed by 김창덕, 홍용기)
: 일반인용과 장애인용 화장실을 하나로 합친 변기로 기존 장애인 화장실 공간의 1/4만 차지하고 세면대 물을 재사용하는 절수효과가 있음.
자료 : www.Universal-Toilet.com

난방설비

난방과 미끄럼방지를 위한 바닥 건조를 동시에 해결할 수 있는 바닥 난방을 하며 바닥 난방이 안 되는 경우에는 라디에이터를 설치한다. 바닥 난방 또는 라디에이터를 설치하기 어려울 때는 벽부착형 난방 기구를 이용한다.

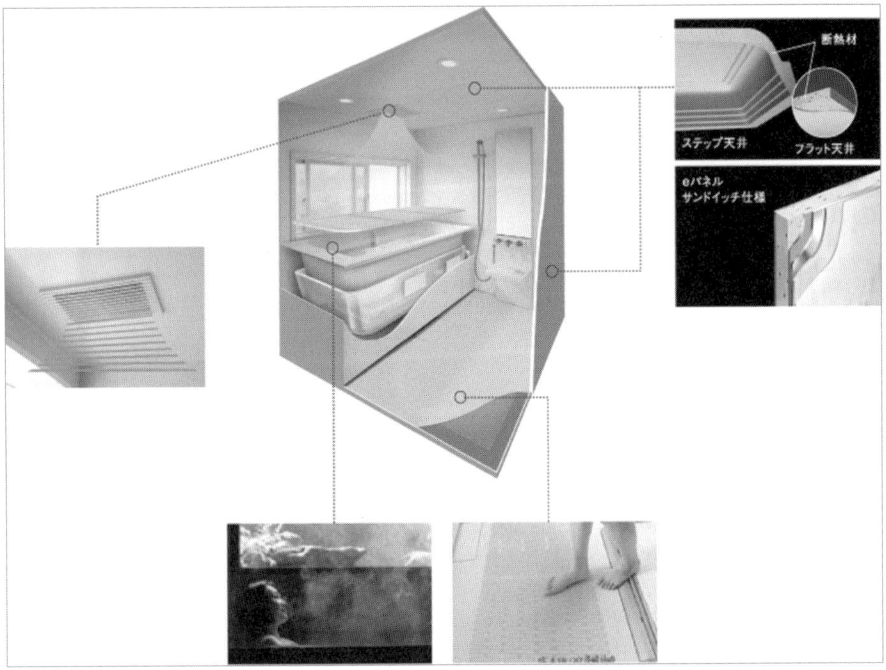

그림 1-132. 바닥 난방과 환기조절을 통한 쾌적한 욕실계획 : 고령자들의 안전하고 쾌적한 목실사용을 위해 바닥난방과 환기 등의 설비를 함.

안전손잡이 및 핸드레일

안전손잡이는 몸의 균형을 유지하고 체중을 감당할 수 있는 것으로 안전하게 고정 시키며 활동에 방해가 되지 않는 위치에 설치한다.

발코니와 다용도실

표 1-20. 주거공간의 발코니 및 다용도실 기능을 고려한 계획요소

기 능	계획 요소
- 전면발코니의 경우 거실과 연결되어 거실의 일부로 쓰이거나 세탁공간 및 건조공간으로 쓰임 - 다용도실은 보통 부엌과 연결되어 세탁, 수납, 저장, 조리 등의 용도로 사용하거나 보일러가 놓이기도 하는 공간임	- 발코니와 다용도실은 침실 또는 거실에서 안전하고 쉽게 드나들 수 있어야 하며 특히 다용도실은 부엌과 가깝게 배치 - 물을 사용하기에 편리해야 함 - 수납공간 충분히 고려

유효공간

공간이 부족한 경우 발코니를 세탁 및 건조공간으로 활용한다.

발코니 바닥면의 유효 폭은 1500mm 이상, 통로 폭은 60mm, 발코니 난간의 높이는 800~1100mm사이로 한다. 물 사용 공간이므로 미끄럼 방지용 바닥재를 사용하고 손세탁용 수전을 별도로 설치한다.

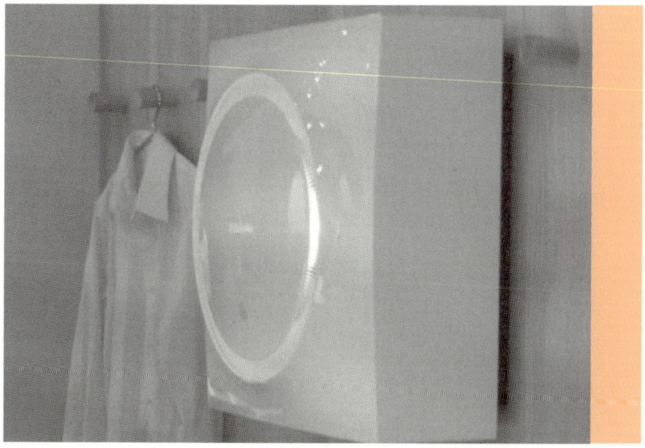

그림 1-133. Electrolux Shine Mini : 벽에 걸어두고 사용하기 때문에 공간활용에도 좋고 세탁물을 넣고 빼는데에도 편리함.
자료 : http://group.electrolux.com/

장애고령자와 와상고령자를 위한 공간

기존 체험관의 침실은 와상고령자를 위한 침대나 리프트 등으로 구성되어 있다. 이로 인해 고령자들은 체험관이라는 장소에 대해 반감을 갖는 경우가 많았으므로 본 체험관에서는 장애고령자와 와상고령자를 위한 공간을 따로 구성한다.

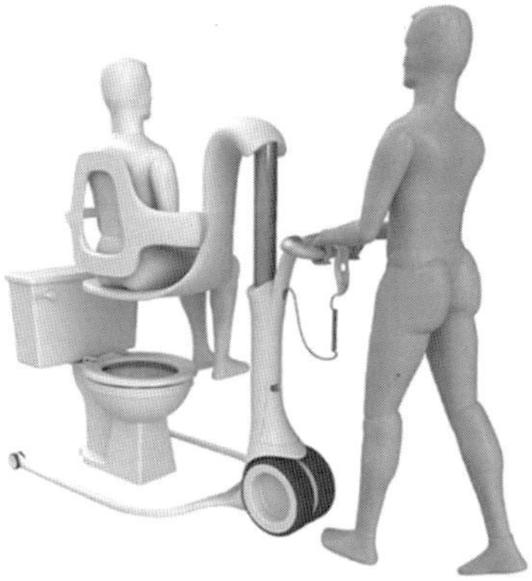

그림 1-134. Sleek Concept Car / Interactive Steering Wheel : 교감하면서 이송할 수 있는 이송 장비

자료 : www.rnrassociates.com

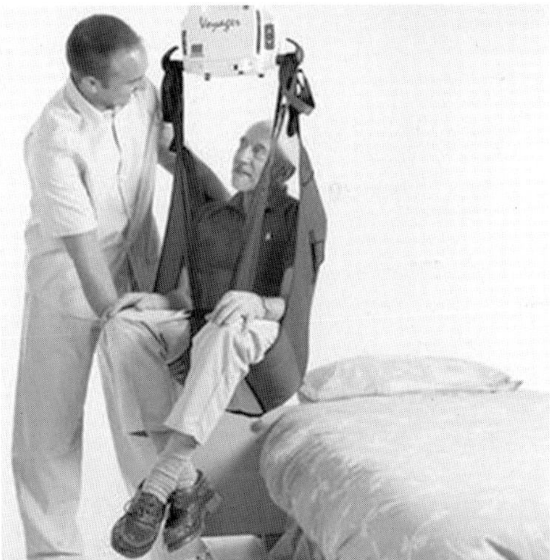

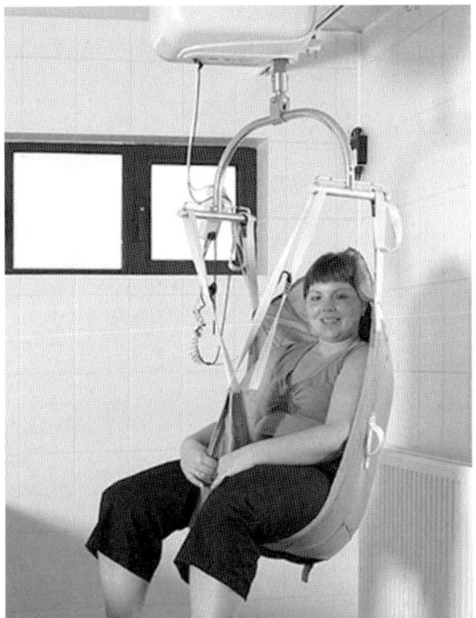

그림 1-135. universal-sling : 천정형 리프트 이송장비

자료 : http://www.handimove.com/

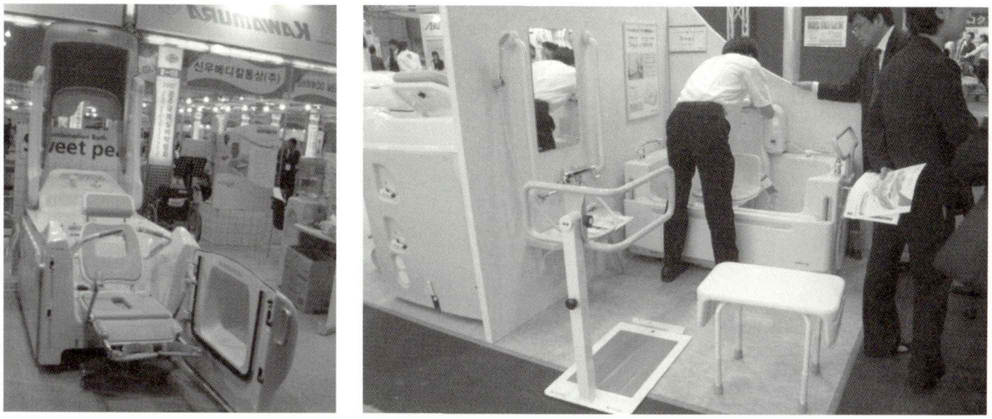

그림 1-136. 실버박람회 전시 중인 와상고령자용 목욕 장비

기타 전시체험 공간

마감재 전시 체험

일반 마감재와 친환경 마감재를 비교해 봄으로써 고령자들뿐만 아니라 일반인들에게도 친환경 마감재의 성능 및 필요성을 알 수 있도록 하며 신소재 마감재도 함께 전시한다.

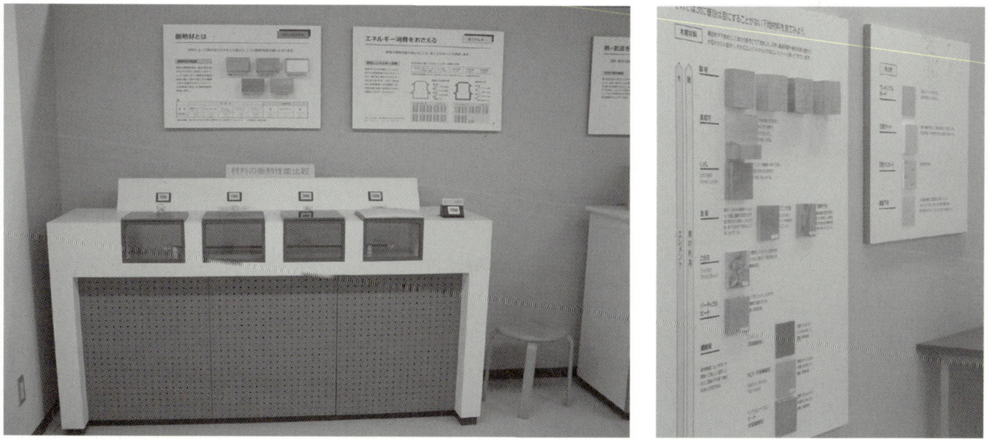

그림 1-137. 세키스이 하우스 실내마감재 체험 공간

조명 전시체험

다양한 조명을 통해서 일반조명과 고효율 조명의 차이점을 알고 고령자들을 위한 적절한 조명환경을 체험할 수 있도록 한다.

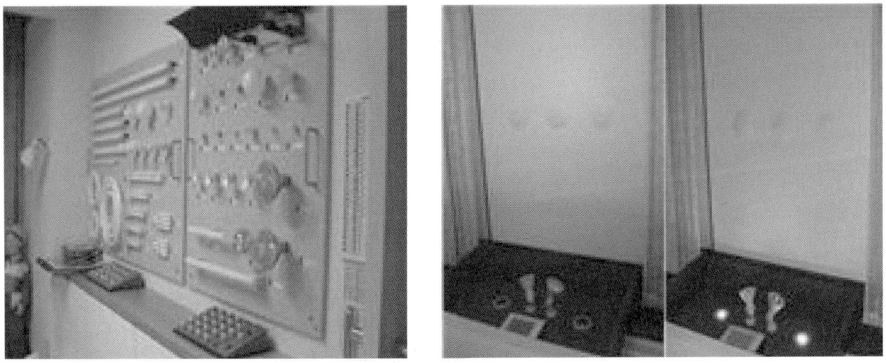

그림 1-138. 세키스이 하우스 조명 체험 공간

고기밀·고단열 제품 기술 및 시공 방법 전시체험

고기밀·고단열 제품을 전시하여 기술의 원리와 구성을 이해하고 고령자 주택에서의 필요성을 인식할 수 있도록 한다.

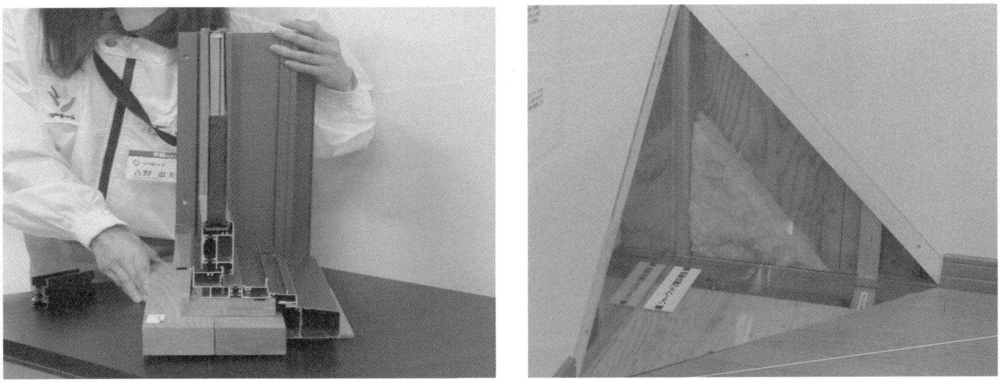

그림 1-139. 세키스이 하우스 기술 전시 및 시공 체험 공간

고령자용 로봇 전시체험

고령자의 생활을 지원해주고 외로움을 덜어주는 로봇 전시체험 공간이다.

그림 1-140. 일본 Ageless Center 고령자용 대화 로봇

Chapter 2

고령친화 체험관 체험프로그램

1. 체험프로그램 개발개요

1) 개발배경 및 목적

개발배경

현재 우리나라는 세계 최저수준의 출산율과 더불어 가장 빠른 속도로 고령화 사회로 접어들고 있다. 이를 위해 단순히 고령자들의 복지나 부양만을 위한 정책적 수준에서 탈피하여 모든 사람이 전 생애에 대한 총체적인 안목을 가지고 성공적으로 살아갈 수 있는 능력을 키워가도록 기틀을 마련해야 한다.

전통사회에서 고령자는 가족, 지역, 전체사회 속에서 중요한 역할을 차지한 반면 현대사회에서는 사회와 문화의 다양하고 급격한 변화에 따라 그 지위와 역할이 하락되었다. 또한 세대 간 분리현상이 가속화 되어 고령자에 대한 부정적인 편견과 고정관념이 비 고령자세대에게 확산되고 있다(김윤정, 정선아, 2001; 박경란, 이영숙, 2001).

실제 고령자에 대한 이미지나 인식 조사에 따르면 고령자에 대한 긍정적인 태도보다는 부정적인 태도를 가지고 있는 경우가 많았고 특히 청소년기와 청년기에 들어서면서 고령자에 대한 인식과 태도가 점차 더 부정적으로 변하는 것으로 나타났다(이선자, 1989).

고령자의 건강과 안녕감의 결정 요인은 어렸을 때의 학습 경험과 관련되어 있으므로 누구든 스스로 인생 초기에 고령자를 보다 깊게 이해할 수 있도록 해야 한다. 특히 미래에 자신에게 어김없이 다가올 노화에 대해 적절하게 대비를 해 나갈 수 있도록 고령자에 대한 인식 교육을 실시 하는 것은 중요한 관건이다.

미래에 고령자는 쇠퇴와 조락, 무능력한 피부양인으로서의 고령자가 아닌 인간 발달과정의 최상의 단계에 있는 지혜인으로서 사회에서 영향력을 갖고 자활하며 사회에 기여하는 새로운 고령자 상(像)이 요구된다(한준상, 1999).

고령사회로 접어든 선진국의 경우 이러한 노화에 대한 이해를 증진시키기 위해 노화체험이 활발히 활용되고 있다.

일찍이 고령사회로 접어든 일본의 경우 고령자들의 노화에 따른 불편함을 어린이부터 장년층까지 미리 인지하게 함으로써 고령자들을 이해하고 공감하며 존중하고자 하는 취지에서 노화체험을 활용하고 있다. 1993년부터 1999년까지 10만 명이 넘는 사람들의 노화체험을 경험하였고 노화 체험 후 고령자에 대한 전반적인 태도가 변화된 것으로 조사되었다.

최근 우리나라 역시 고령자에 대한 지식과 태도를 개선하기 위해 노화체험을 도입하여 한림대학교와 안산 1대학, 서울시 고령자복지협회, 성남 고령친화 체험관, 대구 고령친화 체험관 등에서 생애체험관 또는 노화체험관 등을 설립하여 운영하고 있다.

노화체험에 대한 관심이 증가하면서 고령자의 날이나 사회복지의 날 기념행사와 같은 고령자복지 관련행사와 고령산업 관련행사에서 노화체험 프로그램이 실시되고 있다. 특히 자원봉사센터를 중심으로 청소년 자원봉사 프로그램의 일환으로 장애체험과 더불어 노화체험 프로그램을 운영하는 사례 역시 급증하고 있다.

그림 2-1. 광주 고령친화 체험관 사업추진 목표

개발목적

본 고령친화체험 프로그램개발 목적은 다음과 같다.

첫째, 인간이라면 누구나 생애과정에서 신체적 노화 과정을 경험할 수밖에 없다는 점을 이해시킨다. 80세 연령 정도의 고령자의 신체상태 경험을 통해 고령자와 노화에 대한 이해를 돕고 모든 세대와 더불어 조화롭게 살아갈 수 있는 체험프로그램을 개발한다.

둘째, 비 고령세대들의 노후준비 및 노화에 대한 이해도를 증가시킬 수 있는 체험프로그램을 개발한다.

셋째, 고령자의 신체 상태를 지원해줄 수 있는 고령친화제품에 대한 정보를 습득할 수 있는 체험프로그램을 개발한다.

넷째, 노화체험장비를 착용하고 고령자의 주거생활 활동의 불편을 실감

할 수 있다. 이를 통해 고령자를 위한 주거환경 개선의식을 높일 수 있고 고령자 생활 편의 용품에 대한 제작 및 개발 활성화에 기여할 수 있는 체험프로그램을 개발한다.

다섯째, 인접한 고령자시설과 연계할 수 있는 체험프로그램을 개발한다.

2) 기대효과

고령친화체험 프로그램은 고령자와 자신의 노화에 대한 태도에 영향을 미칠 수 있다. 80세 연령정도 고령자의 노화에 관한 체험은 고령자에 대한 새로운 시각과 이해를 요구하는 고령화 사회에서 다양한 교육프로그램으로 활용될 수 있다.

고령자의 노화에 대한 공감적인 이해를 할 수 있게 하며 구체적으로 고령자를 위해 어떻게 행동해야 할 것인가에 관한 태도 변화를 유도할 수 있다. 또 고령자를 둘러싼 환경에 관심을 갖게 되면서 이러한 환경의 문제점과 개선에 대한 필요성을 구체적으로 지각할 수 있다.

노화체험은 인지, 정서, 행동과 환경적인 태도 측면 모두에 상당히 광범위한 긍정적인 영향을 미치고 있으며 고령자 뿐 아니라 체험자 자신의 미래 노후에 대한 조명도 가능하게 함으로써 전생애 발달과정에 영향을 미칠 수 있는 복합적이고 다각적인 결과를 보여주고 있다.

고령자 유사 체험 시 과제를 해결하는 문제 뿐 아니라 체험을 도와주는 사람과의 상호작용이 이루어짐으로서 조력자에 대한 고령자들의 감정을 지각할 수 있다. 체험자들은 조력자의 도움에 대해 고마움과 같은 긍정적 감정과 불편함과 같은 부정적 감정 등을 표현함으로서 고령자의 심리적 체험을 할 수 있다. 이러한 노화체험은 고령자와 타인의 상호적 관계개선을 위한 대처방안에도 도움이 될 수 있다.

노화체험은 고령자관련 교육 및 관련 현장에서 다음과 같이 활용될 수 있다.

첫째, 초·중·고 대학생들을 대상으로 하는 전생애 교육 프로그램의 일환으로 활용하여 고령자를 이해할 수 있는 기회를 제공한다.

둘째, 고령자와 함께 살아본 경험이 없는 학생들에게 노화체험 기회를 제공함으로써 고령자에 대한 부정적 편견을 줄이고 긍정적인 태도를 신장시킬 수 있다.

셋째, 고령자와 관련된 교육전문가 들은 노화체험을 통해 학문적 이해의 깊이를 도모할 수 있다.

넷째, 주부나 기업의 예비 퇴직자 등 일반 성인들을 대상으로 은퇴자 교육 및 노화체험을 하게 함으로써 체험자 자신의 미래 노후를 조명하고, 설계할 수 있는 기회를 제공한다..

다섯째, 고령자 관련 업무 종사자들을 대상으로 직업교육의 일환으로 활용함으로써 업무의 효율성을 증진시킬 수 있다.

여섯째, 고령친화산업에 종사하는 사람들은 노화체험을 통해 고령자의 욕구를 직접적으로 체험할 수 있으므로 상품을 개발하는데 도움이 될 수 있다.

일곱째, 노화체험을 대학축제, 지역사회연대 프로그램, 고령자의 날, 어버이의 날, 설날, 추석 등 빅 이벤트 행사로 활용함으로써 세대간 교류를 증진할 수 있는 기회를 제공한다.

여덟째, 현 고령세대들은 여러 가지 복지 용구와 주택개조 등에 의해 현실과는 다른 편리한 일상생활을 경험하게 함으로써 구매 욕구를 자극해 고령친화산업을 활성화 시킬 수 있다.

2. 고령화 사회와 노화체험

1) 고령자에 대한 인식 및 태도

고령자에 대한 인식은 고령자에 대한 태도, 연령 고정 관념, 고령자를 표현하는 용어의 인지 경향을 의미한다. 노년기는 신체적, 심리적, 사회적으로 위축되는 시기로 고령자 스스로 부정적인 자아정체감을 갖기 쉽다. 과거 고령자들은 연장자로서 사회와 가족으로부터 존경을 받으며 그들의 경험과 지혜는 높이 평가되었으나 현대에는 고령자란 질병이 많고 무능력하고 고집이 세며 옛 것만을 주장하고 새로운 것을 거부한다는 부정적으로 생각하는 경우가 많다.

물론 고령자 개인에 따라 부정적 특성이 있기도 하지만 다양성을 무시하고 고령자를 일관되게 고정된 시각으로 판단하는 것은 잘못된 태도이다. 이러한 잘못된 고정관념은 고령자에 대한 부정적 선입견을 갖게 되어 직장에서나 사회적으로 차별대우를 하게 되고 고령자 스스로도 자기를 비하하고 무능력한 자로 낙인을 찍게 된다.

고령자에 대한 정형화된 부정적 혹은 긍정적인 편견을 정리하면 다음과 같다.

부정적인 편견

대부분의 고령자들은 아프거나 장애를 갖고 있다.

대부분의 고령자들은 성적 능력이 없거나 성욕이 없다.

고령자들은 추하다.

정신능력은 중년 이후 퇴화하기 시작한다.

대부분의 고령자들은 노망기가 있다.

고령의 작업자들은 젊은이들만큼 효율적이지 못하다.

고령자들 대부분 사회적으로 고립되고 외로우며 가난하게 산다.

괴팍하거나 쉽게 낙담해 불행하다고 느낀다.

아이들은 고령자보다 젊은 사람들을 더 좋아한다.

그림 2-2. 상반된 고령자들의 모습

긍정적인 편견

고령자들은 친절하고 따뜻하다.

대부분의 고령자들은 지혜롭다.

고령자들은 믿을 수 있다.

고령자들은 재정적으로 풍족하다.

고령자들은 강력한 정치세력이다.

노화과정은 멈출 수 있다.

노년은 평화와 안정으로 충만해 있다.

이러한 정형성 이외에도 '그는 ~ 하기에 너무 늙었어', '그 나이면 마땅히 ~을 해야 해' 하는 식으로 역 연령을 토대로 한 편견에 치우친 개념인 연령차별주의도 문제가 될 수 있다.

기존 고령자에 대한 태도에 영향을 미치는 선행연구를 고찰해 보면 고령자에 대한 태도는 아동보다 청소년이 더 부정적인 경향을 보이는 것으로 나타났다(신귀연, 1995; 이미정, 1996).

고령자와의 접촉경험은 고령자에 대한 태도에 영향을 미치는 것으로 나타났는데 대부분의 연구에서 고령자와의 접촉경험이 고령자에 대한 태도에 긍정적 영향을 주는 것으로 조사되었다. 즉 고령자와의 접촉경험이 많을수록 고령자에 대한 막연하고 모호한 인식이나 심리적인 거리가 좁혀져 부정적인 편견이 줄어드는 것이다. 반면에 젊은 세대가 병약한 고령자와 비자발적으로 접촉했을 경우에는 고령자와의 접촉이 오히려 고령자에 대한 태도에 부정적인 영향을 준다는 연구결과도 있다(원영희 외, 2002).

그림 2-3. 행복공감 : 한국봉사회 북부종합사회복지관에서 운영하는 세대통합프로그램.
자료 : http://www.bookboo.or.kr/

고령자와의 접촉 경험이 고령자에 대한 인식에 영향을 미친다는 것은 세대 간 프로그램에서도 확인되고 있는데 일반적으로 아동이나 청소년들이 고령자들과 함께 프로그램을 매개로 한 세대 간 프로그램에 관한 연구결과에서는 고령자들과 함께 교재를 나누고 인형극을 개발하며 긍정적인 상호작용을 한 아동과 청소년들이 그렇지 않은 청소년들에 비해 고령자에 대한 태도가 긍정적으로 변화되었다(한정란, 2000).

고령자를 대상으로 한 청소년 자원봉사활동에 관한 연구결과를 살펴보면 청소년 자원봉사활동의 시간이나 봉사활동 내용보다는 자원봉사활동에 대한 만족도와자발적인 태도가 고령자에 대한 긍정적인 태도형성에 영향을 미치는 것으로 나타났다.

이러한 내용을 종합해 볼 때 아동이나 청소년들에게 있어서 고령자와의 접촉 자체가 고령자에 대한 태도에 긍정적인 영향을 미치는 것이 아니라 접촉하는 경험의 질에 따라 고령자에 대한 태도의 형성이 달라 질 수 있다는 것을 알 수 있다.

그림 2-4. 1·3세대 통합 은평스타일 : 은평 노인종합복지관에서 중학생과 고령자 분들이 함께 싸이의 강남스타일 말춤을 배우고 있음.
자료 : http://www.ep-silver.org/gallery/gallery.asp

그림 2-5. 대구 보훈요양원 1·3세대 통합프로그램 : 초등학생과 어르신들이 함께 종이접기를 하고 있다.

자료 : http://dgcare.bohun.or.kr/

실제로 많은 연구들은 고령자에 관한 교육이 긍정적인 태도변화를 유도하고 있음을 입증하고 있다.

노화와 관련된 직·간접적인 경험이나 교육은 고령자에 대한 태도를 변화시키거나 고령자에 대한 새로운 시각을 심어주기도 한다. 또 잘못된 고정관념과 편견을 수정할 수 있는 기회를 갖게 해주며 각기 다른 세대가 서로를 통해 자신들이 미처 경험하지 못했던 시간과 공간을 경험하게 하여 미래의 보다 건강한 노후 삶을 영위할 수 있도록 도움을 줄 수 있다(원영희 외, 2002).

고령자들에 대한 부정적 인식을 줄이는 효율적 방법은 다양한 교육프로그램을 통해 고령자에 대해 좀 더 이해할 수 있는 기회를 만들고 젊은이와 고령자를 같은 프로그램 안에 함께 참여시켜 서로 교류가 이루어질 수 있도록 하는 것이다.

2) 체험학습

교육학 사전에 의하면 체험학습 내지 경험학습은 교사가 교과서를 매개로 교수함으로써 간접적으로 받아들이는 학습이 아닌 직접적으로 현실 사회나 자연에 접촉하여 생활 활동을 영위하는 가운데 그 경험을 기초해서 학습하는 것을 말한다.

체험학습은 체험과 학습이 결합하여 일상생활에서 우리가 오감을 통하여 직접 경함하고 온 몸으로 체득하여 얻을 수 있는 모든 교육적인 효과를 말한다.

체험학습은 실생활과 관련되어 있는 활동이며 학생들이 흥미를 갖고 적극적으로 참여 가능한 활동이어야 하고 그 활동을 통해 학생이 목적하는 바를 얻을 수 있는 것이어야 한다. 따라서 체험학습은 시험이나 암기와는 거리가 멀며 듣고 읽는 수동적 행위가 아니다.

체험학습은 그 목적이 이론을 검증하는 것이든 어떤 기술을 습득하는 것이든 활동의 가능성을 생각하는데 그치는 것이 아니라 직접적으로 활동을 함으로서 배우는 것을 말한다.

위와 같이 다양한 체험학습에 대한 견해를 종합해 보면 체험학습은 실제 생활에서 학생들의 태도와 흥미를 바탕으로 학생이 자발적으로 참여하는 실제적 활동으로 대상과 직접적 접촉을 전제로 오감으로 실제적 지식을 체득하는 모든 유형의 활동을 의미한다.

체험학습이 교육적으로 의미있는 경험이 되기 위해서는 경험학습의 요소를 고려해 반영해야 한다(손미, 2007).

비어드와 윌슨(Beard & Wilson, 2006)에 의하면 경험학습을 구성하는 요소에는 학습환경, 학습활동, 감각을 통한 의사소통, 학습정서, 자극지능(다중지능) 등이 포함되며 이 요소들의 작용 결과 학습의 변화가 일어난다고 한다.

경험학습의 요소

경험학습의 구성요소 가운데 학습환경과 학습활동은 외적환경에 포함되며 학습정서, 자극 지능, 학습과 변화는 내적 환경에 포함된다. 감각을 통한 의사소통은 외적환경과 내적환경을 연결하는 인터페이스라고 할 수 있다.

그림 2-6. 대구경북 영어마을 초등학생 영어체험 학습.
자료 : http://www.iyctv.net/coding/view.asp?seq=11436

학습환경

학습 경험은 다양한 학습 환경적 요소에 의해 영향을 받기 때문에 구성요소의 제일 중요한 요건이라 할 수 있다. 학습환경은 점차적으로 전통적인 학교교실보다 넓은 지역사회 환경과 다양한 사회집단 환경 그리고 생태학적 환경으로 확장되고 있다. 따라서 학습장소나 학습공간에 대한 재설계와 교육적 관심이 증대될 것이며 그 주요 관심은 지역 사회학습 공간을 학교 학습의 장으로, 학교 학습의 공간을 지역 사회 학습의 장으로 연결하는 것과 관련이 있다. 지역의 다양한 학습공간에 내재된 정보를 활용함으로서 즉시적·상황적 체험학습이 가능하게 될 것이다.

학습활동

학습활동은 경험학습에서 학습자들이 인지적으로 신체적으로 활동하게 되는 일련의 요소들로서 의도한 학습목표를 위해 학습활동을 설계하고 전달

할 때 학습자들이 적극적으로 참여할 수 있도록 하기 위해서는 학습환경의 실재성이 매우 중요하게 고려된다. 실재성은 의미 있는 학습이 일어날 가능성을 높여주기 때문이다. 그러나 항상 높은 실재성이 최고의 학습을 보장할 수 있는 것은 아니나 실재성이 의미 있는 학습결과로 나타나기 위해서는 학습과 실재적 맥락에서의 역할을 적절히 통합하고 다양한 대안적 활동들을 반영해 학습자의 선택의 기회를 제공하고 학습활동을 위해 학습환경과 공간을 적절하게 변화 또는 조절할 필요가 있다.

감각을 통한 의사소통

감각은 경험학습에서 학습자가 외부 환경과 상호작용하는 의사소통의 방법이다. 오감을 통해 체험하고 경험으로 축적된다. 따라서 개인이나 집단 조직의 학습과 수행능력을 증진시키기 위해서는 다양한 감각을 활용한 의사소통을 촉진하는 방법을 고려할 필요가 있다. 체험학습이 언어 중심 교육의 한계를 극복할 수 있는 효과적인 방법으로 강조되는 것은 이런 맥락으로 이해될 수 있다. 체험학습은 인지적 촉진뿐 아니라 오감의 자극을 통해 경험을 보다 풍부하게 체험할 수 있는 가능성이 높기 때문이다.

학습정서

경험학습에서 정서는 매우 중요한 요소로 이해되며 학습자 정서에 맞추어진 적응적 경험환경은 학습의 성패에 영향을 미친다. 정서지능은 개인의 삶에서 성취나 성공적인 수행을 결정하는데 영향력이 매우 크다. 정서지능은 타인과의 관계와 문제해결 국면에서 부정적인 감정을 최소화하고 삶을 위한 협력적 노력과 창의적인 에너지를 증진하기 위해 자신 및 타인의 정서를 이해하고 적절히 활용할 수 있는 능력이기 때문이다.

3) 고령자 생활체험

노화체험

노화체험이란 고령자의 신체적인 변화를 경험할 수 있는 장비나 복장을 착용하고 80세 고령자의 신체적, 심리적, 사회적 상태를 체험하도록 도와주는 프로그램을 말한다.

노화체험은 체험을 도와주는 장비세트를 착용하거나 체험복을 입고 이루어지는데 주로 손이나 발관절의 부자연스러움과 몸이 무거워지는 것, 촉감이 무뎌지는 것, 시각과 청각의 기능이 떨어지는 것과 같은 신체적 체험을 통해 심리적 변화와 사회적 변화를 체험하도록 하는 것이다.

노화체험은 상설 체험관형과 이벤트 형으로 구분할 수 있다. 상설 체험관형은 특별히 고안된 노화체험관을 설치하고 유사체험을 실시하는 것을 말하며, 이벤트 형은 공간에 구애받지 않고 강의실, 공원이나 대학의 축제 등에서 유사체험을 실시하는 것을 말한다. 두 가지 유형은 각기 다른 장단점을 가지고 있다. 체험관형의 경우 의도된 체험을 효율적으로 체험할 수 있다는 측면에서 효과가 높으며 이벤트형의 경우 장소에 구애를 받지 않고 실시할 수 있다는 장점을 가지고 있다(김상곤, 임한영, 2007).

노화와 관련된 직·간접적인 경험은 고령자에 대한 새로운 시각을 심어주고 잘못된 고정관념과 편견을 수정할 수 있는 기회를 갖게 해주며 각기 다른 세대가 서로를 통해 자신들이 미처 경험하지 못했던 시간과 공간을 경험하게 한다(한정란, 2000).

노화 체험은 고령자에 대한 전반적인 태도와 인식을 변화시키는 것으로 알려져 있으며 80세 고령자의 평균체력과 감각을 느낄 수 있도록 고안된 고령자 체험복을 착용하고 시계 보기, 신문 보기, 약 먹기, 전화 걸기, 음료수 먹기, 계단 오르내리기 등 일상을 체험함으로서 고령자들이 생활 속에서 겪는 애로와 불편함을 몸소 느껴보는 과정이다(안병운, 2005).

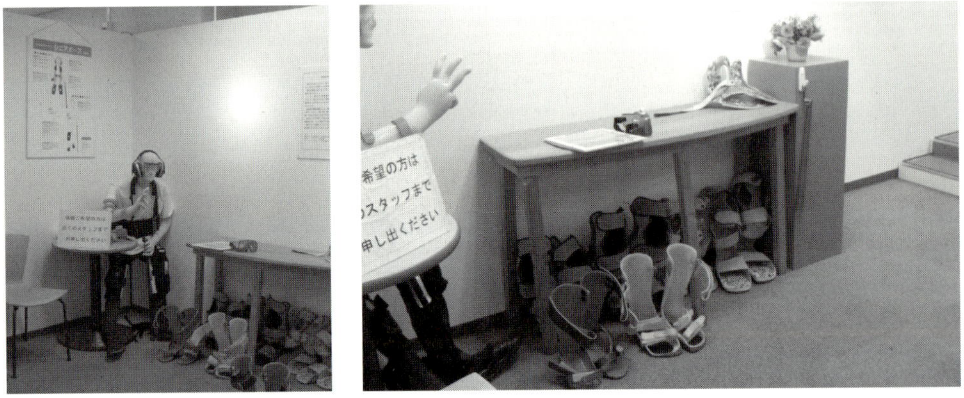

그림 2-7. 일본 ATC Ageless Center의 노화체험장비.

노화체험 프로그램 사례

이러한 노화체험은 일본에서 학생들에 대한 교육 뿐 아니라 고령자와 관련된 현장 즉 보건의료시설 및 보호시설의 인력을 위한 교육프로그램의 일환으로 활용되고 있다. 그 외 고령자관련 교육이나 상품 개발 등에 활용되고 있으며 1993년에서 1999년까지 10만명 이상이 노화체험을 경험하였다. 또한 상설 노화체험장을 설치 및 보급하고 삼천명 이상의 노화체험 강사를 활용함으로서 고령자에 대한 태도 변화 뿐 아니라 고령자를 둘러싼 환경변화를 도모하여 체험자들의 노후에 대한 이해에 긍정적인 영향을 주는 것으로 보고되고 있다(핫토리 메디컬 센터, 2003; 일본장수사회문화협회, 2003).

쉬발바흐와 키에르만(Schwalbach & Kierman, 2002)의 세대 간의 친밀감을 알아보기 위한 연구에서는 초등학생 4학년에게 안경, 장갑, 보청기 등으로 노화에 따른 시력, 촉각, 청력 감퇴를 일상생활에서 직접 경험하게 했을 때 고령자에 대한 공감적 이해가 증가하는 것으로 조사되었다.

그림 2-8. 일본 ATC Ageless Center의 학생들 체험모습.

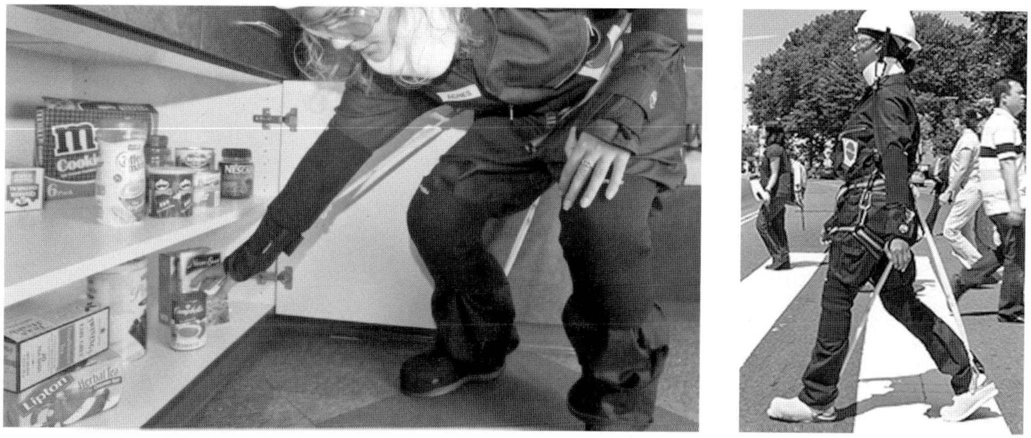

그림 2-9. 아그네스(AGNES-Age Gain Now Empathy System) : MIT Age Lab에서 개발한 노화 체험 장비.

자료 : http://agelab.mit.edu/agnes-age-gain-now-empathy-system

미네소타 대학에서는 의과대학생을 대상으로 고령자의 만성질환 및 신체적 감각적, 인지적 장애 등의 노화로 인한 장애를 경험하게 하고 노화체험의 성과를 분석해 고령자의학 교육을 위한 도구로 사용하였다. 이후 의과대학생들 뿐 아니라 간호대학, 장기요양시설 종사자, 청소년, 일반성인들을 대상으로 확대 실시한 결과 고령자에 대한 이해가 높아지고 관심이 증가하는 것으로 조사되었다(James, 2005).

바키(Varkey)는 의학과 학생 84명을 대상으로 에이징게임(Aging game)이 고령자 돌봄 태도와 공간, 고령자에 대한 태도에 미치는 효과를 연구하였다. 연구결과 에이징 게임 참여 후 의학과 학생들은 고령자 돌봄에 대한 8개 문항 중 6개 문항에서 유의하게 긍정적인 변화가 나타났으며 고령자에 대한 공감대 역시 3개 문항 중 2개 문항에서 유의하게 긍정적 변화가 있었다. 고령자에 대한 태도 역시 ASD 32개 문항 중 23개 문항에서 통계적으로 유의하게 긍정적 변화를 보였다.

강인(2003)은 일반인 38명을 대상으로 노화체험이 고령자와 체험자 자신의 노화에 대한 태도에 미치는 영향을 연구하였다. 연구결과 노화체험 후 대상자의 92%에서 인식이 변화하는 것으로 나타났고 고령자의 신체적 노화에 대한 공감적인 이해를 할 수 있게 되었다는 의견이 많았다. 이는 노화체험이 고령자를 위해 어떻게 행동해야 할 것인가에 대한 태도변화를 유도하고 고령자를 둘러싼 환경에 관심을 갖게 하며 그러한 환경의 문제점과 개선에 대한 필요성을 구체적으로 지각하도록 하는 효과가 있음을 알 수 있다.

또 노화체험은 고령자뿐만 아니라 체험자 자신의 미래 노후에 대한 조명을 하도록 한 것으로 나타났다.

최수원(2006)은 고령자병동 간호사 30명을 대상으로 노화체험이 고령자병동 간호사의 고령자에 대한 태도와 업무만족에 미치는 영향을 분석하였다. 연구결과 노화체험이 고령자에 대한 태도와 고령자 간호 업무만족에 효과가 있는 것으로 나타났다.

위와 같이 노화체험은 일반인 대상의 연구에서 각 세대 간 고령자에 대한 이해와 인식의 긍정적 변화를 가져왔고 노화체험이 고령자에 대한 공감과 이해를 증가시키는 것으로 나타나 간호사의 고령자에 대한 태도와 고령자 돌봄 태도에 긍정적 변화를 가져 올 수 있음을 시사하고 있다.

우리나라에서도 최근 노화체험에 대한 관심이 증가하여 대한은퇴자협회(2003)에서는 청소년을 대상으로 세대 간의 유대감 증진과 고령자를 이해할 수 있는 기회를 제공하고자 장기적으로 노화 교육을 실시하고 있으며 노화체험의 효용성에 대한 인식이 증가함에 따라 노화체험 교육을 위한 강사 양성에도 관심을 기울이고 있다.

주택체험

현대 사회에서 주거문화를 이끌어 가는 하나의 트렌드를 명확하게 규명하기란 매우 어려운 일이다. 다양한 트렌드가 한꺼번에 생성되고 소멸하는 현대 추세에서 유행은 일시적인 것이지만 하나의 트렌드로 이름 붙여진다는 것도 그 실용성과 심미성이 검증된 또 다른 경향이라고 할 수 있다.

주택에 있어 이러한 트렌드를 예측하여 미리 체험할 수 있는 공간이 바로 복합주거전시공간인 주택문화관이다.

최근 주거문화가 빠르게 변화하면서 각 기업에서도 다양한 컨셉의 주택을 체험할 수 있는 주택문화관을 만들 수 있다. 특히 미래의 견본주택이라 할 수 있는 미래 주거문화 체험공간은 주택문화관을 찾는 소비자들에게 미래의 문화적 가치와 서비스를 체험하교 교육받을 수 있게 하는 중요한 프로그램의 하나로 자리 잡고 있다.

이러한 미래주택 및 다양한 컨셉의 주택문화관은 기업마다 다른 방식으로 구성되어 있으며 체험자들은 이를 교육, 문화프로그램의 일환으로 받아들이고 있다. 실제로 여러 주택문화관의 컨셉 주택 프로그램이 문화프로그램에 포함되어 구성되어 있다.

국내 주택문화관 사례는 다음과 같다.

삼성 래미안 갤러리

그림 2-10. 삼성 래미안 갤러리(서울시 강남구 일원동)

삼성 주택문화관인 래미안 갤러리의 U-style 유비쿼터스 공간과 감성주거 체험관에서는 디지털 기술을 기반으로 한 다양한 디지털 그래픽과 시스템으로 새로운 미래공간을 체험할 수 있다.

오감을 통한 체험정보전달 공간으로서 기업과 소비자 간의 정보 및 감성교류의 장이 되고 있다.

미래의 주거공간을 소개하고 있는 유비쿼터스관은 화이트 컬러를 주조색으로 미래의 트렌디한 컬러와 광택소재를 사용해 소비자들의 라이프 스타일을 반영하였다.

감성 주거 체험관과 함께 디지털을 기반으로 하는 유비쿼터스 시스템은 소비자에게 미래생활의 체험을 통해 미래 기술력에 대한 정보를 제공하고 있다.

'자연을 고스란히 담은 집'이라 말하는 래미안 갤러리는 친환경 마감재를 사용하고 나무숲 같은 류식공간을 조성하여 곳곳에서 친환경적 디자인을 체험할 수 있도록 하였다.

GS 자이 갤러리

그림 2-11. GS 자이 갤러리(서울시 마포구 서교동)

GS자이 갤러리는 주거공간의 기술과 문화가 어우러진 미래지향적 생활 스타일을 체험할 수 있는 곳이다.

1층은 그랜드홀(영상관), 자이 문화클래스, 기획전시실 등의 문화 프로그램 공간으로 구성되어 있다.

2층~3층은 라운지와 유아놀이방 등의 문화프로그램 공간과 견본주택 전시프로그램이 동일 층에 있다.

전시공간은 소비자가 관람자가 아닌 플레이어가 된 느낌이 들도록 연출하여 공간과 소비자 간의 상호작용을 유도해 여러 가지 정보를 제공하고 있다.

'홈 네트워크실'은 체험과 첨단기술의 지각환경 등으로 연출 되어지는 감성 체험 공간을 구축하여 소비자와 공간의 커뮤니케이션을 경험할 수 있고 터치스크린과 터치패드의 적용으로 공간과 사용자 사이의 상호작용 체험요소를 부각시키고 있다. 특히 자이만의 홈 네트워크 기술로 다양한 첨단 시스템을 체험 할 수 있다.

현대 힐스테이트 갤러리

그림 2-12. 현대 힐스테이트 갤러리(서울시 강남구 양재동)

현대 힐스테이트 갤러리는 공연, 전시, 행사, 카페 등을 갖춘 첨단 주택 문화관을 목표로 건설되었다.

1층은 힐스시어터, 북카페, 감성놀이터, 기획전시관 등의 문화 프로그램 공간으로 구성되어 있다.

2층은 미래주택 쇼케이스(H-Life)와 현대건설이 추구하는 미래주택 버추얼 영상관(H-Vision), 자재전시관 등을 통해 힐스테이트의 첨단성과 유비쿼터스 아파트의 미래비전을 제시하고 있다.

3층에는 분양 모델룸을 통해 프리미엄아파트 힐스테이트의 평형별 관람, 인테리어 사양 확인 등 다채로운 아파트 상품세계를 접할 수 있도록 하고 있다.

계단광장 내에 설치되어 있는 다섯 대의 키오스크에서 방문자 등록만 하면 쉽게 이용할 수 있도록 함으로써 일반고객까지도 배려하고 있다. 이 계단광장은 전시회, 영화상영, 공연을 정기적으로 유치해 고객과 주민들에게 도심 속의 문화 공간으로 활용하고 있다.

전체 프로그램은 유동적이고 복합적 기능을 수행하는 문화프로그램을 중심으로 이루어졌다. 견본주택 전시프로그램 역시 문화프로그램의 일환으로 체험, 인식될 수 있도록 공간이 배치되어 있다.

위와 같이 주택문화관은 인간과 주생활 원리에 대한 이해를 바탕으로 한 공간적 체험이 가능하며 보고 만지며, 조작해서 느끼는 비교체험으로서 친근한 전시공간, 주거요소들의 올바른 선택과 즐거운 주거환경 체험을 위한 새롭고 즐거운 정보의 전시 공간, 인간생활의 질을 향상시키기 위한 체험공간으로서의 의미로 새롭게 변화되어가고 있다.

고령친화 체험전시관 역시 새로운 주거 컨셉을 경험한다는 점에서 주택문화관과 그 기능과 역할이 비슷하다고 할 수 있으므로 각 주택문화관의 체험프로그램이나 체험요소들에 대한 조사는 향후 고령친화 체험전시관의 차별화된 체험프로그램 개발의 기초가 될 수 있을 것이다.

3. 국내·외 고령친화 체험전시관 프로그램 현황

1) 국내 프로그램

성남 고령친화 종합체험관 '미래세움'

그림 2-13. 성남 고령친화 종합체험관(성남시 분당구 야탑동)

개요

성남 고령친화 종합체험관은 2008년 12월에 1차 개관 후 임시로 운영하다 2012년 8월 성남시 분당구 야탑동에 고령친화종합체험관 전용건물을 개관하였다.

성남 고령친화 종합체험관은 고령친화산업 발전의 거점으로 국가 및 세계를 대표하는 종합체험관을 구축하는 것을 목표로 하고 있다.

성남 고령친화 종합체험관은 고령친화제품을 체험하고 고령친화산업을 이해하며 고령사회를 준비할 수 있는 공간으로서 체험프로그램 이외에도 고령자 건강증진 서비스 및 교육, 기업지원 등 다양한 사업을 펼치고 있다.

체험프로그램

성남 고령친화 종합체험관은 크게 전시체험, 생애체험, 치매체험 프로그램 등을 운영하고 있다.

모든 체험프로그램은 사전예약제로 홈페이지, 직접방문, 전화, 팩스 등으로 예약이 가능하다.

이용대상은 고령자 및 부양가족, 예비고령자, 복지용구 전문종사자 및 복지용품판매업체, 고령친화산업(제품 및 서비스)종사자, 고령자복지 기관 및 시설관계자, 고령친화산업에 관심 있는 누구나 이용할 수 있다.

모든 체험프로그램은 무료이며 체험시간은 체험 인원이나 대상에 따라 조정이 가능하지만 대략 생애체험과 전시체험은 약 2시간, 치매체험은 1시간 정도 소요된다.

생애체험

생애체험은 노화로 인한 고령자의 신체적, 정신적, 사회적 변화와 그에 따른 불편함을 몸소 체험해 고령자에 대한 사회적 관심을 확산시키고 고령자와 예비고령자간의 이해를 도모하는데 그 목적이 있다.

체험방식은 상체 및 하체의 근력 및 운동기능을 억압할 수 있는 체험복을 착용함으로써 고령자의 신체기능과 유사한 상태로 체험이 진행된다.

1회 체험인원은 4인에서 15인 이하이며 단체일 경우에는 인원 조정이 가능하다.

체험은 기관 및 프로그램 소개-〉 체험복 착용-〉 감성체험-〉 실내체험-〉 실외체험-〉체험복 탈의-〉 생애체험 소감 및 설문작성 순으로 이루어진다.

전시체험

전시체험은 고령친화제품을 직접 만지고 체험할 수 있도록 구성되어 있다.

시장대표성, 기술차별성을 갖춘 다양한 전시제품들은 기능별, 공간 구성별, 테마구성별로 전시되어 있으며 고령자의 재택 케어 및 일상생활을 배려한 테크노하우스도 체험할 수 있다.

1회 체험인원은 40명 정도이며 단체일 경우 인원 조정이 가능하다.

체험은 기관 및 프로그램 소개-> 공간별, 테마별로 구분된 13개의 전시영역 체험-> 전시체험 소감 및 설문작성 순으로 이루어진다.

치매체험

치매체험의 목적은 치매고령자의 심리를 체험을 통해 치매 고령자에 대한 차별이나 편견을 없애고 올바르게 이해해 이웃주민으로 따뜻하게 받아들일 수 있도록 하는데 있다.

특히 체험 프로그램을 한국 실정에 맞게 시나리오를 구성하였으며 3D입체 영상과 200인치 대형화면, 입체안경 등의 활용으로 고령자의 시선과 보행 등의 관점에서 가상현실을 체험할 수 있다.

치매고령자가 일상생활에서 겪는 심리상태를 5~7분의 음성과 자막, 영상으로 구성해 고령자의 시선과 이동경로 등의 가상현실을 체험할 수 있다.

체험은 기관 및 프로그램 소개-> 치매 영상교육 및 체험-> 치매체험 소감 및 설문작성 순으로 이루어진다.

세부 체험 요소

사전평가 및 교육

생애체험 프로그램은 사전평가 및 교육과 함께 시작된다. 사전교육은 한국의 고령화 추세, 고령친화산업에 대한 설명, 고령친화용품산업의 성장 가능성, 성남 고령친화 체험관 소개 향후 계획, 체험관 구성 등의 내용으로 약 10분 정도의 시간이 소요된다.

체험복 착용

개인소지품을 데스크 옆 사물함에 넣은 후 교육준비실로 이동해 스툴 밑에 정리되어 있는 체험복을 착용한다. 프로그램 진행자의 설명과 시연에 따라 체험복을 순서대로 하나씩 착용한다.

감성체험공간

체험복을 다 착용한 후 감성체험공간으로 이동한다. 감성체험 공간에서는 시각, 청각, 촉각 등의 감각체험과 근력체험을 할 수 있는 공간이다. 프로그램 진행자의 노인이 되었을 때의 감각상태나 근력상태에 대해 설명을 들은 후 고글을 쓰고 시각판을 보거나 촉각판을 조작해 보는 등의 체험을 한다.

주택체험

– 현관

현관체험공간에서는 단차나 이동기기, 핸드레일 등의 체험을 할 수 있다. 프로그램 진행자는 체험자 두 명을 지정해 한 명은 휠체어에 타고 또 한 명은 그 휠체어를 밀어서 현관으로 들어오게 한다. 실외에서 실내로 들어오는 현관에 단차가 있을 경우의 불편함과 위험에 대해서 설명한 후 두 명의 진행과정을 본 후 나머지 체험자들 역시 약간의 단차도 휠체어 사용자에게는 힘들다는 점을 공감할 수 있다.

그림 2-14. 현관체험 공간

- 침실

침대체험공간에서는 와상 노인들을 위한 욕창방지 매트를 체험해 볼 수 있다. 기존 침대 매트리스와 와상 노인들을 위한 매트리스의 차이점에 대한 설명을 들은 후 실제로 만져 볼 수 있다.

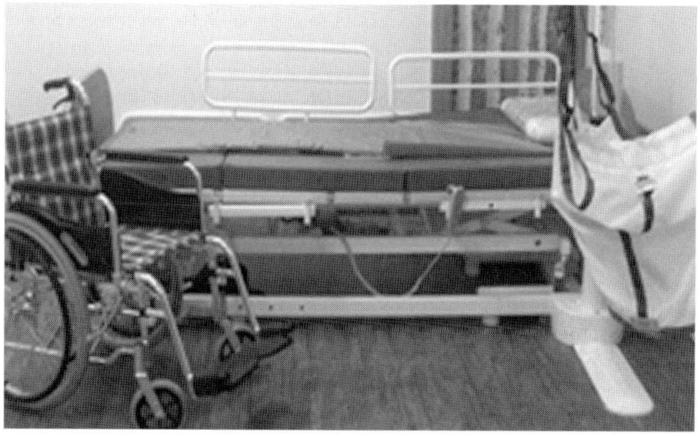

그림 2-15. 침대체험 공간

- 주방

부엌체험공간에서는 높이조절이 가능한 상·하부장과 휠체어 사용자를 위해 하단이 비어있는 싱크대, 식사 때 사용하는 복지용구 등을 체험할 수 있다. 프로그램 진행자는 직접 상·하부장의 높이를 조절하면서 편리한 점들을 설명하고 체험자 중 한명에게 휠체어를 태운 후 시연해 보게 한다. 또 식탁 위에 있는 복지용구들의 용도에 대해 물어본 후 그들의 의견을 듣고 보충설명을 해준 뒤 체험자들이 실제 사용해 볼 수 있게끔 한다.

그림 2-16. 주방 체험 공간

- 욕실

욕실체험공간에서는 목욕용구와 배설용구를 체험해 볼 수 있다. 프로그램 진행자는 욕실에서의 안전사고 실태와 욕조에서 쓸 수 있는 목욕용구 및 안전손잡이에 대해서 설명한다. 체험자들이 직접 욕탕으로 들어가 볼 수 있도록 해 안전손잡이의 중요성을 직접 느낄 수 있게 한다. 높낮이 조절이 가능한 세면대와 기립보조변기가 작동 되는 것을 보여주면서 어떠한 편리한 점들이 있을지 예상해 보게 한다.

실외 보행체험

실외체험공간에서는 계단체험과 슬로프 이동, 노면상태 등을 체험할 수 있다. 프로그램 진행자는 체험자들에게 높이별로 나누어져 있는 계단을 오르내리도록 한 후 체험에 대한 느낌을 듣는다. 그 후 어르신들이 옆으로 계단을 오르내리는 이유와 이에 대한 배려에 대해서 언급하도록 한다. 프로그램 진행자는 적절한 슬로프 각도와 도로 노면 상태에 따른 안전사고에 대해 설명한 후 한 명씩 휠체어를 타고 슬로프 공간을 오르내리면서 체험할 수 있게 한다.

그림 2-17. 실외 보행체험 공간

체험복 탈의

모든 체험이 끝난 후 교육준비실로 이동해 스툴 밑에 정리되어 있는 본인의 옷을 착용한다. 프로그램 진행자의 설명과 시연에 따라 체험복을 순서대로 하나씩 탈의한다.

사후평가 및 교육

프로그램 진행자는 체험 후 체험자들의 느낌을 들어본 후 체험자들의 노인에 대한 이해를 높이고 노인의 일상생활을 도와줄 수 있는 여러 가지 방법에 대해 다시 한 번 설명한다. 마지막으로 사후평가를 한다.

표 2-1. 성남 고령친화 종합체험관 체험프로그램

<table>
<tr><th>구분</th><th colspan="3">체험 프로그램내용</th><th>비고</th></tr>
<tr><td>전시
체험</td><td colspan="3">– 고령친화용품을 직접 보고 만지고 체험함으로써 고령자와 부양가족에게 고령친화 제품의 전시, 체험, 정보 등을 제공
– 전문지도자(Instructor)의 안내에 따라 일상생활용품, 욕실용품, 기거용품, 욕창방지용품, 고령친화형 하우스 등 13가지의 기능별, 공간별 고령친화제품영역을 투어하면서 보고 만지고 체험할 수 있음</td><td></td></tr>
<tr><td rowspan="24">생애
체험</td><td rowspan="3">감성
체험</td><td>시각체험</td><td>주변시야 장애정도나 백내장에 의한 시각변화 경험</td><td>고글</td></tr>
<tr><td>청각체험</td><td>고음역 등의 고령자성 난청 경험</td><td>귀마개</td></tr>
<tr><td>촉각체험</td><td>손과 손가락의 촉각저하 체험</td><td>장갑</td></tr>
<tr><td rowspan="6">근력
체험</td><td rowspan="6">근력저하
체험</td><td>팔의 근력쇠퇴 체험</td><td>모래주머니</td></tr>
<tr><td>무게가 실린 몸의 보행지탱 체험</td><td>지팡이</td></tr>
<tr><td>상체를 구속해 등이 굽어진 자세체험</td><td>등구속도구</td></tr>
<tr><td>관절의 굽히고 펴는 동작의 불편함 체험</td><td>팔꿈치구속도구</td></tr>
<tr><td>무릎의 굽히고 펴는 동작의 불편함 체험</td><td>무릎구속도구</td></tr>
<tr><td>다리의 근력쇠퇴 체험</td><td>모래주머니</td></tr>
<tr><td rowspan="12">주거
공간
체험</td><td rowspan="3">현관</td><td>고령자를 위한 경량, 탈착이 용이한 신발 체험</td><td>고령자용신발</td></tr>
<tr><td>고령자의 보행을 보조제품 체험</td><td>이동기기</td></tr>
<tr><td>실내이동시 거동 보조 손잡이 체험</td><td>핸드레일</td></tr>
<tr><td rowspan="2">주방</td><td>고령자의 불편함을 해소시킬 수 있는 주방 체험</td><td>주방체험</td></tr>
<tr><td>고령자의 식사를 보조하기 위해 고안된 보조용구 체험</td><td>식사보조용구</td></tr>
<tr><td rowspan="2">거실</td><td>일어나는 동작 보조 비교체험</td><td>기립지원용구</td></tr>
<tr><td>일상적으로 경험하게 되는 상황을 연출 체험</td><td>일상생활</td></tr>
<tr><td rowspan="3">침실</td><td>출입문, 가구문의 손잡이 형태 비교 체험</td><td>문손잡이</td></tr>
<tr><td>일상적으로 경험하게 되는 상황을 연출 체험</td><td>일상생활</td></tr>
<tr><td>고령자의 침실생활을 보조할 수 있는 제품과 이승체험</td><td>기거용구</td></tr>
<tr><td rowspan="2">욕실</td><td>고령자의 입욕 보조 제품 체험</td><td>목욕용구</td></tr>
<tr><td>고령자의 배설 보조제품 체험</td><td>배설용구</td></tr>
<tr><td rowspan="3">실외
공간
체험</td><td>계단체험</td><td>높이가 다른 계단 이동 체험</td><td></td></tr>
<tr><td>슬로프체험</td><td>각도가 다른 슬로프 및 트렌치/요철블록체험</td><td></td></tr>
<tr><td>노면상태체험</td><td>휠체어이동시 트렌치 및 요철블록체험</td><td></td></tr>
<tr><td>치매
체험</td><td colspan="3">3D 입체영상을 통해 고령자의 시선과 보행할 때의 시점을 가상현실을 통해 체험할 수 있도록 구성되어 있으며</td><td>3D입체영상
입체안경</td></tr>
</table>

대구 고령친화 종합체험관 '시니어체험관'

그림 2-18. 대구 시니어체험관

개요

대구 고령친화 종합체험관은 2008년 성남 고령친화 종합체험관 개관에 이어 우리나라에서 두 번째 개관으로 고령친화산업 활성화를 위해 고령자관련 종합정보 제공, 제품의 전시체험, 관련기업 활동지원, 일반인과 전문종사자를 위한 교육훈련, 상담지원, 지역연계 프로그램 운영 등 복합적인 기능을 수행하고 있다.

대구 고령친화 종합체험관은 7개존 19개관에 전시된 세계 10개국의 선진복지용구들을 체험할 수 있으며 침체되어 있는 지역 경제에 새로운 성장동력으로 고령친화산업을 육성하기 위해 대구·경북지역 고령친화분야 유망중소기업들이 상품을 특별 전시하는 기획세미나도 개최하는 등 다양한 사업을 펼치고 있다.

체험프로그램

대구 고령친화 종합체험관의 체험프로그램은 크게 전시체험, 생애체험 프로그램 등이 있다.

모든 체험프로그램은 사전예약제로 운영되며 홈페이지, 직접방문, 전화, 팩스로 신청할 수 있다. 이용대상은 고령자 및 부양가족, 예비고령자, 복지용구 전문종사자 및 복지용품판매업체, 고령친화산업 제품 및 서비스 종사자, 고령자복지 기관 및 시설관계자 등 고령친화산업에 관심 있는 누구나 이용할 수 있다. 모든 체험프로그램은 무료로 이용할 수 있으며 체험시간은 체험 인원이나 대상에 따라 조정이 가능하지만 생애체험은 약 2시간, 전시체험은 1시간 정도 소요된다.

생애체험

생애체험은 고령자가 되었을 때의 신체적 변화와 그것과 동반되는 문제를 가상적으로 체험함으로써 고령자에 대한 편견에서 벗어나 고령자를 이해하고 고령자에 대한 태도를 변화시킬 수 있는 기회를 제공한다.

체험방식은 교육대상자들에게 특수 제작된 장비를 이용해 고령자의 팔다리 관절, 시각, 청각 등의 신체기능과 유사한 상태로 체험이 진행된다.

생애체험공간은 고령자의 신체적 특성을 고려한 체험공간을 마련해 고령자의 일상생활 유지를 위한 장애와 어려움을 이해하고 고령친화제품의 필요성과 정보를 얻을 수 있다. 특히 생애체험관과 주거문화관의 비교체험을 통해 체험효과를 극대화 할 수 있다.

1회 체험인원은 5인에서 15인 사이이며 단체의 경우 인원 조정이 가능하다.

전시체험

전시체험은 고령자들을 위한 생활 및 재활복지용품 등 다양한 고령친화 제품과 미래형 주거공간을 한 곳에서 만날 수 있으며 시니어 자신 뿐 아니라 가족구성원이 함께 다양한 고령친화관련 제품을 관람하고 체험함으로서 세대한 통합을 이룰 수 있다.

전시체험공간은 고령자의 입장에서 실내외 상황을 다양하게 체험하고 국내·외 선진 시니어 관련제품들을 관람하고 체험할 수 있다.

체험프로그램 중 생애체험 프로그램의 구체적인 진행 과정을 살펴보면 다음과 같다.

세부 체험 요소

사전교육

생애체험 프로그램은 사전교육과 함께 시작된다. 사전교육은 체험관의 목적, 구축현황, 추진경과, 체험관 소개, 고령자에 대한 정의, 고령자인구 증가와 관련 동영상(MBC뉴스) 감상, 고령자문제의 심각성, 치매고령자시설 동영상(그것이 알고싶다) 감상, 체험복 설명 등에 대한 내용으로 약 15분 정도의 시간이 소요된다.

체험복 착용

개인 캐비넷 개인소지품을 보관한 후 체험복을 꺼내 착용한다. 프로그램 진행자의 설명에 따라 체험복을 착용한다.

생활공간체험

일반 주택이 고령자들에게 얼마나 불편한지를 체험해 보는 과정으로 주방과 거실, 욕실과 화장실 등의 불편함을 체험할 수 있다

- 싱크대

프로그램 진행자는 체험자 중 한명을 선정해 휠체어에 앉게 해 싱크대의 수도꼭지를 틀어보게 한 후 체험자의 의견을 듣고 일반 싱크대의 불편함과 이에 대한 개선점에 대해 설명한다.

- 화장실 변기

프로그램 진행자는 체험자들이 일반 화장실 변기에 앉았다 일어서도록 한 후 체험자의 의견을 듣고 고령자들의 일반 화장실 사용 시 불편함과 이를 개선하기 위해 나온 여러 가지 종류의 변기를 벽면 판넬 이미지를 보여주며 설명한다.

- 욕조

프로그램 진행자는 체험자 중 2명 정도를 선정해 들어갔다 나오게 한 후 체험자들의 의견을 듣고 고령자들이 욕조를 사용할 때 안전사고 위험과 이를 방지하기 위해 디자인된 여러 가지 종류의 욕조 및 안전손잡이 부착에 대한 중요성을 설명한다.

감각장애체험

감각장애 체험프로그램은 백내장과 녹내장, 난청 및 보청기, 촉각장애 등의 체험을 한 후 이런 증상의 불편함을 해소 할 수 있는 여러 용품들도 함께 체험할 수 있다.

- 시각장애

프로그램 진행자는 체험자들이 녹내장과 백내장 안경을 끼고 돌아다니게 한다. 고령자들이 겪는 시각장애에 대해 설명한 후 이를 보조해 줄 수 있는 용품들을 보여주고 체험할 수 있도록 한다.

- 난청 및 보청기

프로그램 진행자는 고령자의 난청을 청각장애 체험 시스템을 이용해 설명한 후 이를 보조해 줄 수 있는 여러 가지 보청기나 전화기 등의 용품들을 보여주고 체험할 수 있도록 한다.

- 촉각장애

프로그램 진행자는 체험자들에게 장갑을 낀 손으로 촉각판을 조작하도록 해본 후 고령자들의 촉각장애에 대해 설명한다.

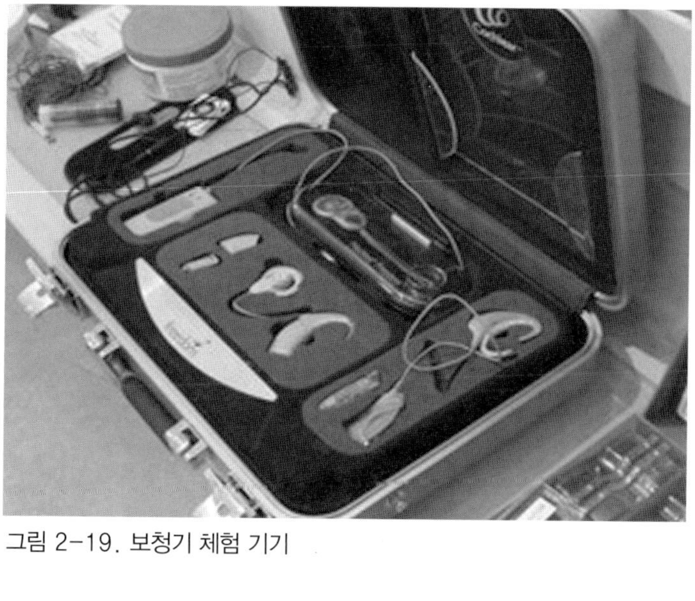

그림 2-19. 보청기 체험 기기

근력 및 보조도구체험

근력 및 보조도구체험은 근력, 식사보조도구, 일상생활 보조도구 등을 체험할 수 있다.

- 식사보조도구

프로그램 진행자는 식사 할 때 고령자들이 가장 많이 겪는 어려움이나 실수 등에 대해 설명한 후 이를 보조해 주는 식사보조도구의 기능에 대해서 알려주고 체험자들이 사용해 볼 수 있게 한다.

- 일상생활 보조도구

프로그램 진행자들은 고령자들이 양발을 신거나 단추를 잠글 때 등 소소한 일상생활 시 불편한 점을 설명한 후 이를 보조해 줄수 있는 용구들에 대해서 알려주고 체험자들이 사용해 볼 수 있게 한다.

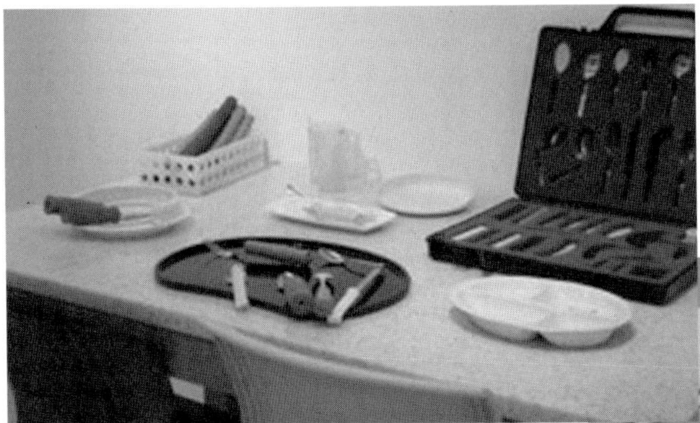

그림 2-20. 식사보조도구

그림 2-21. 일상생활보조도구

야외 및 지역사회 이동체험

야외 및 지역사회 이동체험은 계단체험, 슬로프 이동체험, 실외노면체험, 버스체험, 문 체험 등을 할 수 있다.

- 계단

프로그램 진행자는 체험자들이 높이별 계단을 오르내릴 수 있도록 하며 고령자들의 신체 변화로 인한 불편함에 대해 설명한다.

- 실외 노면

프로그램 진행자는 벽면에 부착된 그래픽을 활용해 휠체어에 대해 설명해준 후 체험자들이 실제 휠체어를 타고 울퉁불퉁한 노면과 솟아있는 노면 등을 체험하게 한다.

- 슬로프 이동

프로그램 진행자는 체험자들이 실제 휠체어를 타고 슬로프를 오르내릴 수 있도록 한다.

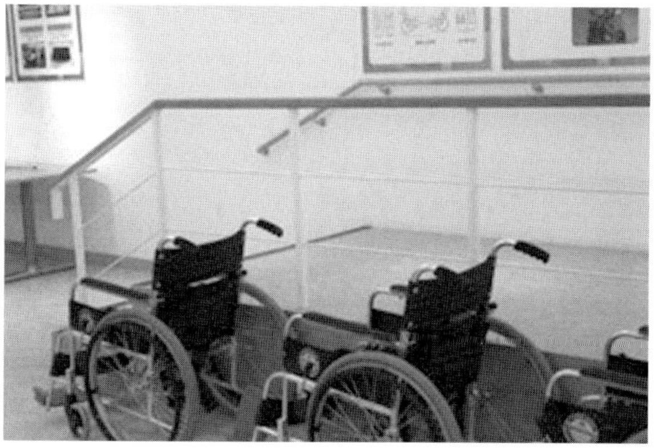

그림 2-22. 야외이동체험

– 버스

프로그램 진행자는 체험자들이 실제 버스에 오르 내리거나 손잡이를 잡고 있을 때 앉았다 일어설 때 어떤 불편함을 느낄 수 있는지 체험해 보도록 한다.

체험복 탈의

마지막으로 프로그램 진행자는 현재 고령자들의 생활의 불편함에 대해서 체험자들과 의견을 나누고 체험복을 탈의한 후 개인소지품을 챙겨 시니어 주거문화관으로 이동한다.

시니어 주거문화관

이전까지의 과정이 고령자들의 생활상의 불편함을 체험한데 반해 시니어 주거문화관에서는 세계 첨단고령친화제품이 적용된 미래형 고령자주거모델을 경험할 수 있다.

사후평가

모든 체험이 끝난 후 평가판에 맘에 들었던 체험과정 칸에 스티커를 부착하게 한다.

표 2-2. 대구 고령친화 체험관 체험프로그램

<table>
<tr><th>구분</th><th colspan="3">체험 프로그램내용</th></tr>
<tr><td>전시체험</td><td colspan="3">시니어생애체험, 시니어생활용품전시, 시니어 주거 문화전시관 등</td></tr>
<tr><td rowspan="11">생애
체험</td><td rowspan="6">감성
체험</td><td>시각체험</td><td>시낭송하기, 색채지각테스트, 조명테스트 등</td></tr>
<tr><td>청각체험</td><td>생활의 소리, 전화통화하기</td></tr>
<tr><td>촉각체험</td><td>같은 재질 찾기, 신발끈 묶기, 온도체험 등</td></tr>
<tr><td rowspan="3">공감각을
적용한
상황대처</td><td>응급상황체험</td></tr>
<tr><td>화재발생체험</td></tr>
<tr><td>공감각의 적용사례</td></tr>
<tr><td rowspan="2">근력
체험</td><td>생활 속
근력테스트</td><td>병뚜껑열기, 물통 들어보기, 리모콘으로 숫자 맞추기,
그림 따라 그리기</td></tr>
<tr><td>생활 속
유니버설 디자인</td><td>손잡이 비교, 편리한 핸드레일, 고령자를 위한 생활소품</td></tr>
<tr><td rowspan="3">생활
체험</td><td>외출하기</td><td>도어체험, 의자체험, 계단오르내리기, 전동리프트체험</td></tr>
<tr><td>버스타기</td><td>버스 오르기, 버스내부 체험하기</td></tr>
<tr><td>휠체어타기</td><td>슬로프내려가기, 거리체험하기</td></tr>
</table>

국내 고령친화 체험관 비교분석

성남과 대구 고령친화종합체험관의 생애체험프로그램은 모두 고령자의 신체적 변화와 이에 동반되는 문제를 가상적으로 체험함으로서 고령자에 대한 편견에서 벗어나 고령자를 이해하고 고령자에 대한 태도를 변화 시켜 고령자와 비 고령자간의 상호이해를 돕고 고령친화용품을 활성화 시키는데 그 목적이 있다.

두 체험관의 생애 체험프로그램을 비교해 보면 이용 대상이나 인원, 신청방법, 기대효과 등은 비슷하나 생애 체험프로그램 과정에 있어서는 그 순서나 설명방법, 도구 활용 등에 차이가 있었다. 특히 성남 고령친화종합체험관(이하 성남)은 사전·사후 평가를 모두 설문지를 사용해 실시하였고 대구 고령친화종합체험관(이하 대구)는 간단한 체험 종류별 선호 정도만 조사하고 있었다.

체험복 착용(탈의) 방법에 있어서도 성남은 미리 정해놓은 착용 순서에 맞춰 하나씩 설명을 들으며 시연을 보면서 착용하게 하였으나 대구는 별다른 착용(탈의) 순서나 시연 없이 프로그램 진행자의 설명과 벽에 부착된 그래픽을 보면서 착용(탈의)하였다. 착용(탈의) 순서가 정해져 있는 경우 별다른 어려움 없이 체험복을 입고 벗었지만 착용(탈의) 순서가 없는 경우에는 프로그램 진행자의 도움을 많이 받아야만 체험복을 입을 수 있었다.

사전교육 시 성남은 빔 프로젝터를 통해 PPT 영상만을 보여줬으나 대구의 경우는 TV프로그램에서 방영되었던 고령자관련 영상을 함께 보여줌으로서 고령자에 대한 이해 높일 수 있도록 했다.

관련체험이나 제품에 대한 패널 그래픽은 성남은 텍스트 보다는 그래픽 위주로 전체 내용이 쉽게 눈에 들어왔으나 대구의 경우에는 그래픽 보다는 텍스트 위주로 전체 내용을 파악하는데 어려움이 있었다.

두 체험관의 생애체험은 내용상 크게 감성체험, 주택생활체험, 보행체험의 세 분야로 나눌 수 있다.

감성체험은 성남의 경우 한 감각에 한 가지 도구만 사용해 여러 명의 체험자가 있을 경우에는 직접적인 체험이 없이 끝나는 경우가 많았지만 대구는 한 감각에 여러 가지 도구를 사용함으로서 여러 명의 체험자가 여러 가지 체험을 할 수 있었다.

주택체험의 경우 성남에서는 고령친화주택과 보조용구들을 중심으로 체험하게 하였다. 반면에 대구에서는 체험형식을 두 단계로 나누어 먼저 노화체험장비를 입고서, 전통적인 '일반 생활공간'의 불편함을 겪게 한 후, '시니어 주거문화관'에서 무장애 주택을 체험하게하여 두 공간을 동시에 비교할 수 있게 하였다. 그렇게 함으로써 고령친화주택과 보조용구에 대한 인식과 필요성을 바꿀 수 있는 기회를 제공하였다.

표 2-3. 성남 고령친화 종합체험관과 대구 고령친화 종합체험관 비교

구 분	성남 고령친화 종합체험관	대구 고령친화 종합체험관
체험인원	15	15
체험순서	사전평가 및 교육–〉체험복 착용–〉감성체험–〉주거공간체험–〉실외공간체험	사전교육–〉생활공간체험–〉감각장애체험–〉근력 및 보조도구체험–〉야외 및 지역사회 이동체험
사전·사후 평가여부	사전평가와 사후평가 모두 실시	사후평가만 실시
사전·사후 평가방법	설문지 작성	보드판에 스티커 붙이기
체험복 착용 방법	정해진 착용 순서대로 프로그램 진행자의 설명에 따라 스스로 하나씩 착용 함	착용순서가 따로 정해져 있지 않고 프로그램 진행자의 설명과 도움으로 착용 함
사전교육내용	활용기자재: 빔프로젝터를 통한 PPT자료 출력	활용기자재: 평면TV모니터를 통한 PPT자료 출력, 예시자료로 TV영상 사용
관련 사인물	텍스트 〈 이미지	텍스트 〉 이미지
감성체험방법	여러 가지 도구 및 기자재 활용	한 가지 감각에 한 가지 기자재
주택체험방법	무장애 주거만 경험	일반주거의 불편함을 경험한 후 무장애 주거 경험
보행체험방법	계단 오르내리기 휠체어로 슬로프 오르내리기 노면상태체험	계단 오르내리기 휠체어로 슬로프 오르내리기 노면상태체험

2) 국외 프로그램

세키스이 하우스 Sekisui House

그림 2-23. 세키스이 하우스 로비

세키스이 하우스회사는 내구성은 물론 에너지 제로, 에코하우스를 추구하는 친환경 건축그룹으로서 이상적인 주택 생활을 체험 및 비교하고 선택할 수 있는 주택체험관을 일본 전역에 운영하고 있다.

이 회사의 주택체험관에서는 모형과 쇼룸 등을 통해 주택의 구조와 시공재의 중요성을 보여주며 수납 및 인테리어 용품도 함께 전시하고 있다.

특히 오사카에 있는 납득공방에서는 여러 가지 체험을 통해 거주 공간 만들기의 중요성과 즐거움을 다양한 각도에서 확인할 수 있다.

납득공방 1층에는 일본식 생활공간 체험과 세키스이 하우스의 모델하우스 등이 있다.

2층에는 실물 크기의 건물에서 현관, 발코니 등의 공간을 입체적으로 파악할 수 있고 방범 및 방재에 관련된 제품들을 체험할 수 있다.

3층은 유니버설 디자인 주택과 수납공간 및 조명에 관련된 체험을 할 수 있다.

4층은 친환경적 디자인 환경과 쾌적한 주거를 만들기 위한 온열 환경, 음 환경, 공기 환경 등에 대한 기술 및 내진 시스템 등을 체험할 수 있다.

각 층별로 전시 및 체험공간이 있으며 이동은 엘리베이터를 이용하여 이동한다.

세부 체험 요소

하반신 마비자를 위한 화장실

입식 화장실을 땅에 매입해 하반신 마비자 스스로 화장실을 사용할 수 있도록 구성되어 있다.

감각체험을 위한 도구

고령자가 되었을 때 시각, 청각 등의 상태를 기기를 통해 알 수 있다.

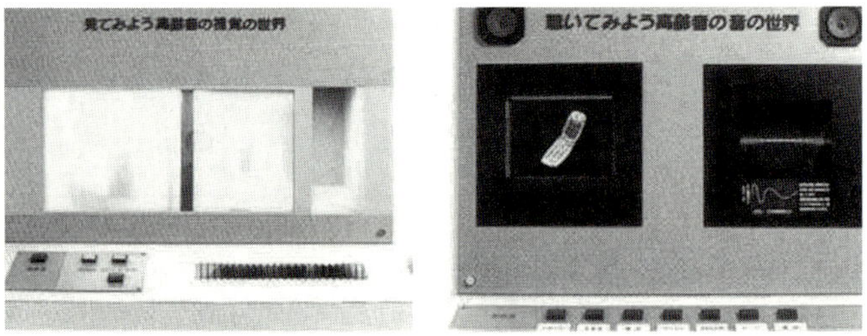

그림 2-24. 고령자의 시각 및 청각상태 체험도구

안전손잡이

닿는 거리, 손잡이 두께, 각도(15~30도가 제일 편리함), 편측 마비 방향 등을 고려해야 한다.

수납장

옷걸이 봉이 달려 이를 잡아당기면 옷걸이가 내려온다.

주택

- 안방

일본 전통 주거 형식으로 디자인 되어 있고 대나무, 둥근 창 등으로 인해 동양적인 분위기를 느낄 수 있다.

조명의 종류나 조도에 따른(조도 조절장치 설치) 시각의 차이를 경험해 볼 수 있는 공간으로 고령자가 되었을 때 작업 종류와 인원에 따른 조도가 다름을 경험할 수 있다.

그림 2-25. 일본 전통공간과 조도 조절장치 체험

- 욕실

구분된 각 공간에는 여러 가지 종류의 샤워실이나 욕조 등을 체험할 수 있다. 다양한 바닥재 체험을 통해 바닥재 가공방법에 따라 미끄럼 정도가 달라질 수 있다는 점을 알 수 있다.

그림 2-26. 물 사용 공간의 여러 가지 바닥재

- 부엌(Natural Kitchen)

자연소재의 재료만을 사용한 친환경적인 공간으로 친환경적인 실내마감재, 외부발코니를 활용한 식사 공간, 자연친화적인 공간 등을 경험 할 수 있다. 또 이동이 가능한 가구식 간이벽을 사용함으로서 공간의 활용도를 높였다.

그림 2-27. Natural Kichen

개호복지 플라자 ATC Ageless Center

그림 2-28. ATC Ageless Center 로비

ATC Ageless Center는 일본 내에서 복지용구와 관련한 최대 규모의 상설 전시 체험장이다.

고령자들 뿐 아니라 초·중·고등학생을 포함한 모든 연령층을 상대로 전시 및 체험 기능을 구현하고 있으며 복지와 관련된 80개 기업회원으로 운영되며 운영비의 일부분을 기업회원사로부터 받고 있다.

이곳은 주로 단체견학이 많으며 고령친화산업 관련 전공 학생들과 홈헬퍼를 대상으로 하는 교육이 중요한 기능 중 하나이며 복지용구 약 2000점을 전시하고 있다.

체험을 할 수 있는 것이 특징적인 컨셉이며 건강, 복지, 개호사업의 시장에 진출한 실제기업의 영업을 지원해주고 유니버설 종합생활 제안관에서는 실제로 체험해 볼 수 있는 전시관을 운영하고 있다.

전시 존은 각 영역별로 고령자나 장애가 있는 분의 자립을 도와주는 최신 상품 및 기구와 여가활동을 도와주는 기기들, 최신 개호제품 등이 전시되어 있다.

고령자 복지 마을 제안 존에서는 가정 내 길거리나 공원 등에서 연령이나 장애를 의식하지 않고 생활할 수 있도록 디자인된 편리하고 쾌적한 시설이나 기구들을 체험할 수 있다.

고령자용 주택 모델 존에서는 연령이나 장애에 관계없이 모두가 쾌적하게 살 수 있는 무장애(Barrier Free)개념을 적용한 이상적인 집들을 경험해 볼 수 있다.

세부 체험 요소

휠체어 및 전동차

직접 전동차를 운전하거나 휠체어를 타고 도로의 장애 환경, 다양한 문 폭, 여러 가지 단 높이, 슬로프 등을 경험해 볼 수 있다.

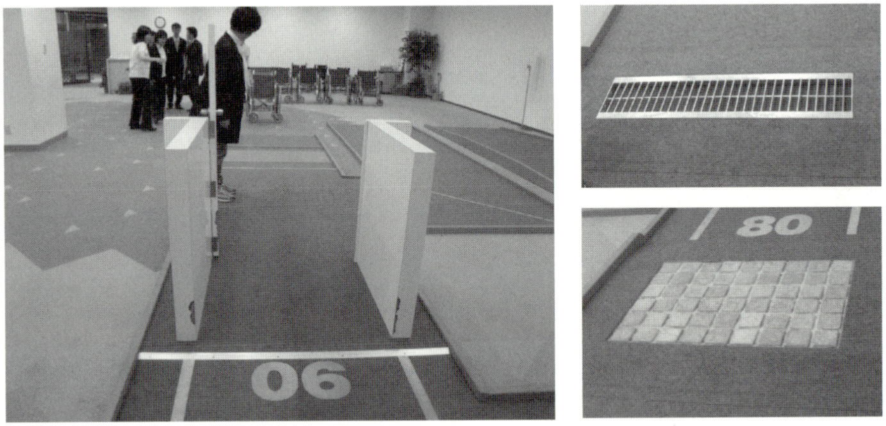

그림 2-29. 다양한 이동 폭과 도로 장애물 체험

복지용구와 개호용품

여러 가지 복지용구와 개호용품들을 회사별, 종류별로 경험해 볼 수 있다.

그림 2-30. 다양한 종류의 보조기기

놀이기구

고령자 및 장애인들을 위한 놀이기구가 전시되어 있어 종류별로 체험해 볼 수 있다.

그림 2-31. 미니당구대

애완로봇

고령자들의 외로움을 덜어줄 수 있는 로봇들이 전시되어 있다. 이 로봇들은 기본적으로 대화가 가능하며 실제 살아있는 동물과 같은 촉감과 온기를 느낄 수 있다.

그림 2-32. 애완로봇

화장실

화장실 문은 적은 힘을 들여서 여닫을 수 있도록 만들어져 있다.

그림 2-33. 살짝 미는 힘으로도 쉽게 열리는 문

욕실

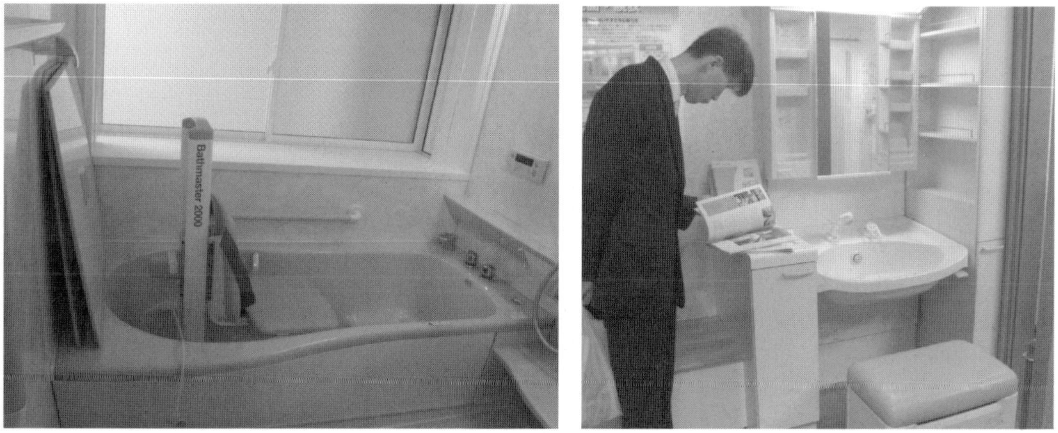

그림 2-34. 욕조 및 전동세면대

의자

높이 조절이 쉬우며 접어서 보관하기가 용이해 어느 누구에게나 편리하다.

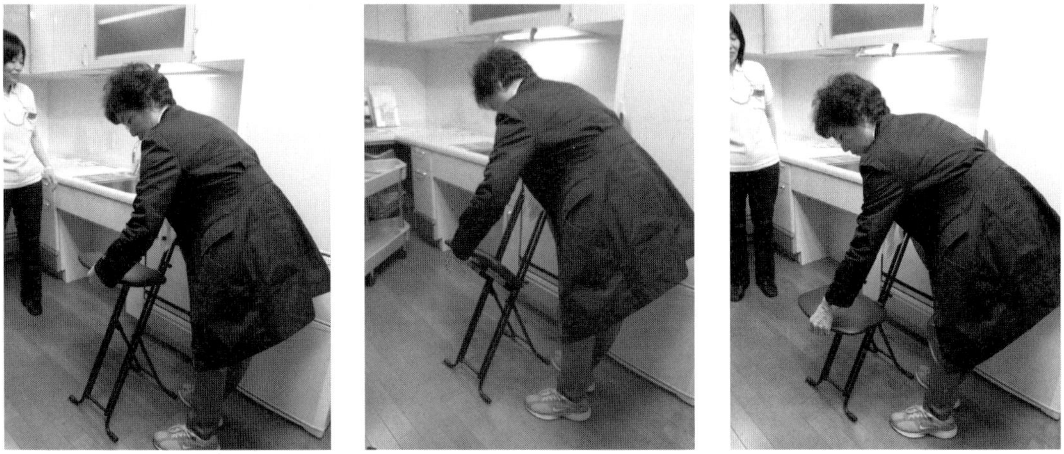

그림 2-35. 적은 힘으로도 높이 조절이 가능한 의자

부엌

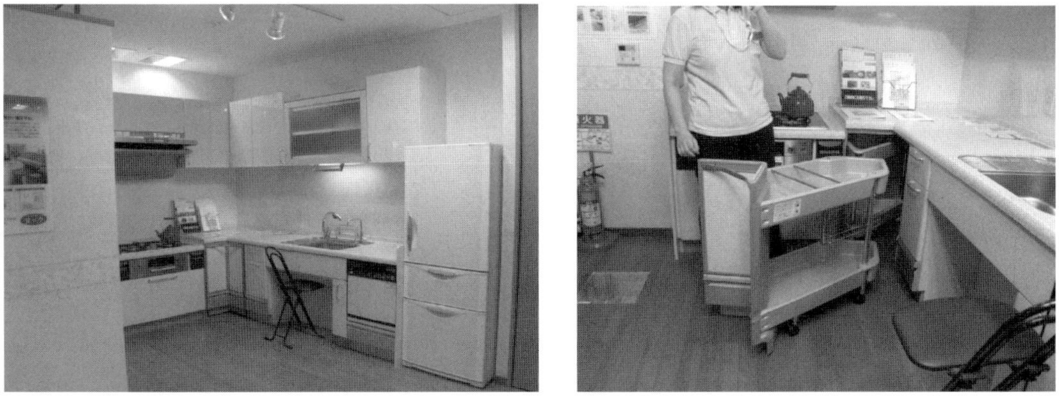

그림 2-36. 부엌 전동싱크대

도로

장애인 또는 어린이, 고령자의 눈높이에서 본 교통신호, 표지판 등의 사인물들과 도로상태 등을 체험할 수 있다.

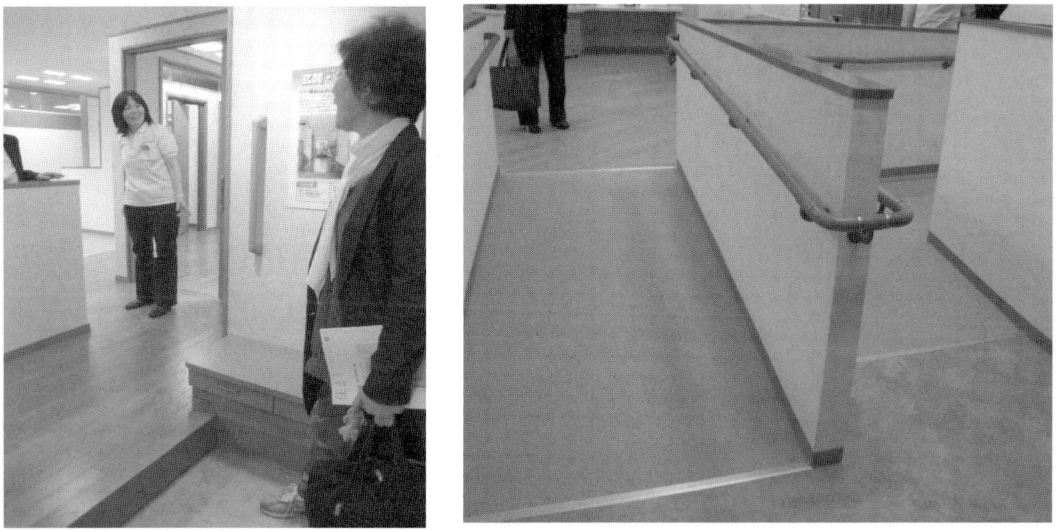

그림 2-37. 현관과 내부현관 슬로프

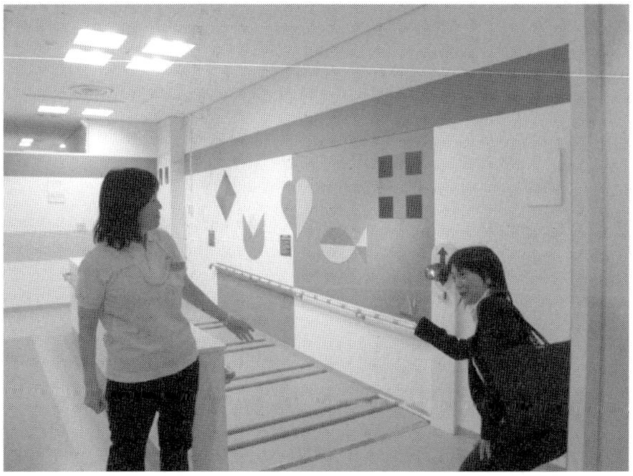

그림 2-38. 도로체험

4. 고령친화 체험관 체험프로그램

1) 사전교육 및 평가

사전교육

실제로 노화는 갑자기 일어나는 것이 아니라 나이가 들면서 점차적으로 일어나게 되는 것이다. 특히 체험복을 착용할 때 체험자가 느끼게 되는 갑작스런 변화로 인해 노화에 대한 반감이 생길 수도 있으므로 체험자가 체험을 시작하기 전 충분한 교육이 필요하다.

체험복은 단지 체험하기 위한 기구이며, 실제 체험자가 느끼는 불편함은 제한장치, 몸무게, 안경에 따라 다르게 느낄 수 있으므로 이해를 돕기 위해 미리 이러한 사항들에 대해 충분한 이해를 시켜줘야 한다.

사전교육의 내용은 운영 배경 및 목적, 기대효과, 체험대상, 운영방법, 장비에 대한 소개, 유니버설 디자인에 대한 소개, 체험실 내부 구조 및 체험 과정에 대한 간략한 설명 등으로 구성되어 있다.

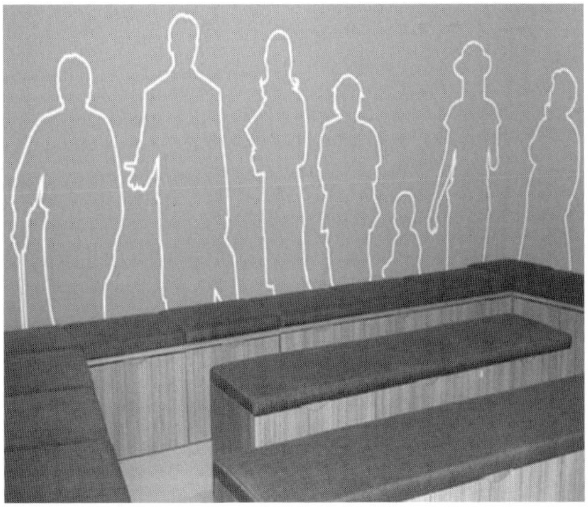

그림 2-39. 성남 고령친화 체험관 생애체험 사전교육실

그림 2-40. 노화체험 프로그램 사전교육

노화에 대한 이해

노화란?

▶ 나이가 들면 누구나 저절로 신체-생물학적 기능이 서서히 감퇴하고 환경에 대한 반응능력이 차츰 떨어지는 자연스러운 현상

노화에 따른 신체적 변화

	신체기능의 변화	
감각기능	시각	- 노안이 된다. - 노인성 백내장 - 암순응력 저하 - 시력이 저하 - 눈부심에 민감
	후각	- 냄새가 잘 안남
	청각	- 잘 들리지 않음
	촉각	- 촉각이 약해짐 - 온도감각이 둔해짐 - 피부가 건조해짐

노화에 대한 이해

노화에 따른 신체적 변화

	신체기능의 변화	
신체기능	기억력/사고력	- 잘 잊어 버림
	근력/지구력	- 전체적으로 허약 - 쥐는 힘·손가락 끝 힘이 약해짐 - 민첩성이 떨어짐 - 지구력이 약해짐
	앉기/일어서기	- 다리와 허리가 약해짐
	걷기	- 균형감각이 떨어짐 - 발끝이 기민하게 움직이지 않음 - 보폭이 좁아짐 - 발을 들어올리는 힘이 약함 - 팔과 손끝의 힘이 약해짐

노화에 대한 이해

노화에 따른 심리적/사회적 변화

심리적 변화	사회적 변화
▶ 우울증의 증가 ▶ 시간조망의 변화 ▶ 친근한 사람에 대한 애착심 증가 ▶ 흔적을 남기려는 성향 증가 ▶경직성과 조심성 증가	▶ 경제적 의존성 증가 ▶ 자기 존중감과 자신감 감소 ▶ 가족과 친구의 이주 및 사망으로 인한 고립감 증가

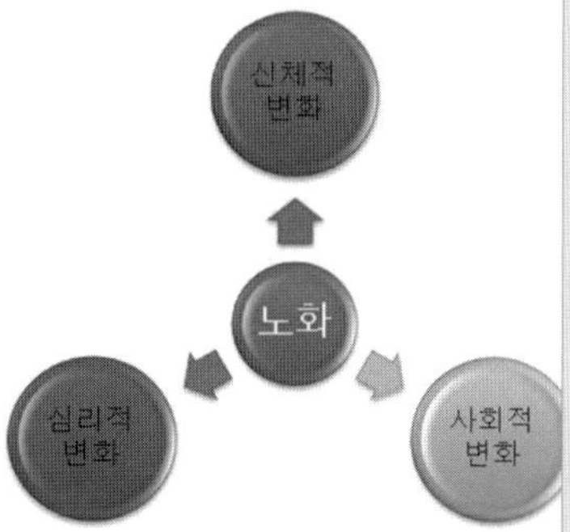

노화체험 프로그램

노화체험이란?

▶ 특수장비 착용을 통해 82이상의 고령자 신체상태를 경험 할 수 있음

▶ 관절의 부자연스러움과 몸이 무거워지는 것, 촉감이 무뎌지는 것, 시각과 청각의 기능이 떨어지는 것과 같은 신체적 체험을 통해 심리적 변화와 사회적 변화를 체험할 수 있음

노화체험 프로그램

운영배경 및 목적

- 핵가족화
- 고령화 사회
- 고령자에 대한 부정적 인식
- 노후대책

노화체험 프로그램

▶ 세대 간 갈등 해소 및 세대 통합
▶ 고령자에 대한 편견 해소
▶ 고령자에 대한 이해 증가
▶ 노후에 대한 인식 증가

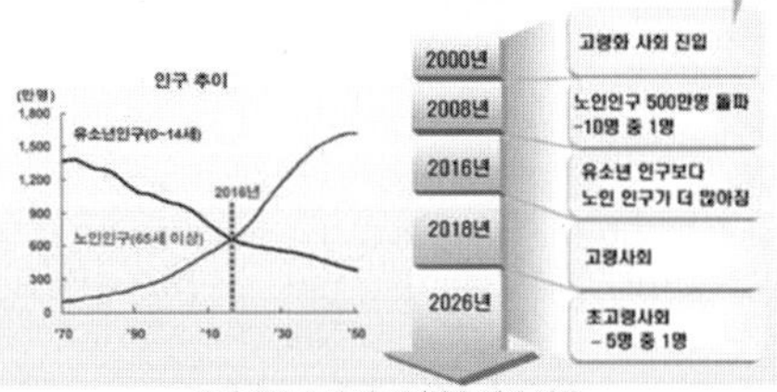

국내 인구 추이 및 고령인구 변화 전망

Source : 통계청, 향후 10년간 사회변화 요인분석 및 시사점(2009)

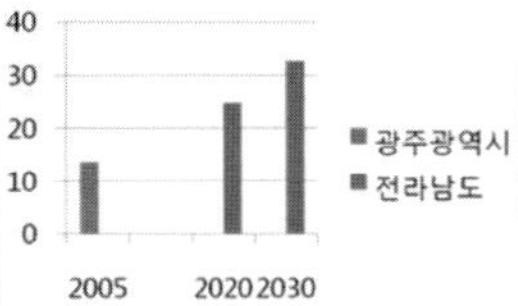

▶ 광주광역시
2005년 고령화사회 (13.7%)
▶ 전라남도
2020년 초고령 사회 (24.8%)
2030년 초고령 사회 (32.8%)

노화체험 프로그램

체험대상 및 운영

체험대상

어린이부터 예비노인까지(5명 이상 15명 이내)
▶ 특히, 사회복지와 노인관련 서비스 종사자(사회복지사, 의사, 간호사 및 산업 종사자, 노인대상 자원봉사자, 초·중·고 및 대학생(노인관련분야 실습)및 교사, 은퇴를 앞둔 예비 노인들, 노인 수발자, 정책 결정자 등

운영시간

오전 10시 ~ 12시
오후 13시 ~ 15시
▶ 초,중,고등학생들을 위한 하계 및 동계방학 특별 운영**

예약방법

전화, 방문 및 인터넷 예약 접수
▶ 전화 : 070.7705.9260
▶ 홈페이지 : www.gjdec.gist.ac.kr

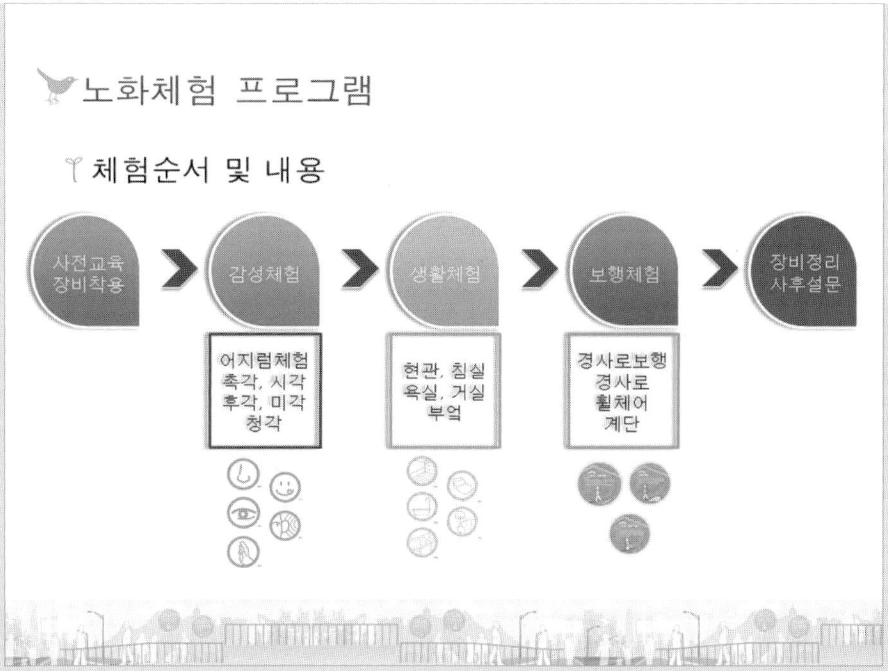
노화체험 프로그램
체험순서 및 내용
사전교육
장비착용
감성체험
생활체험
보행체험
장비정리
사후설문
어지럼체험
촉각, 시각
후각, 미각
청각
현관, 침실
욕실, 거실
부엌
경사로보행
경사로
휠체어
계단

노화체험 프로그램
공간구성
사전교육실
고령친화제품과 노인의
신체적 / 심리적
노화를 이해
어지럼체험
착시현상의 원리를 통해
노인이 느끼는
어지럼증을 체험
감성체험
시각, 후각, 미각, 청각, 촉각을
노인의 입장에서 체험함으로써
노인의 신체변화 이해를 도움
보행체험
핸드레일이 설치된
안전한 계단/경사로
보행과 휠체어 체험
생활체험
노인 생활을 비교 할 수 있는
문폭, 문손잡이, 현관,
부엌, 지면, 욕실체험

성인 및 청소년용 사전 · 사후 평가

사전평가

조사도구 구성

선행연구를 참고로 고령친화 체험관의 내용에 맞게 수정 및 재구성 하였다. 크게 조사대상자의 일반적인 사항, 고령자에 대한 인식, 고령화 사회에 대한 지식정도, 고령자와 고령친화산업에 대한 인식 정도를 측정할 수 있는 문항으로 구성하였고 세부내용은 다음과 같다.

조사대상자의 일반적인 특성

성별, 연령, 조부모와의 동거경험 등의 내용으로 구성하였다.

고령자에 대한 인식

현재 비고령자의 고령자에 대한 인식 정도를 측정하기 위해 오스굳과 탄넨바움 및 수시(Osgood, Tannenbaum & Suci, 1957)의 고령자인식척도, 산더, 몽고메리, 피트만, 블렉웰(Sanders, G. F. Montgomery, J. E. Pittman, Jr. J.F. & Balkwell, C.,1984)의 고령자인식조사척도, 서병숙이 제작한 고령자인식척도를 종합해 기질, 교감, 감수성, 반응성, 성향성 측면 등의 내용으로 구성하였다.

고령자에 대한 지식

현재 우리나라의 고령화 환경과 우리나라 고령자들의 특성을 고려해 노화에 관한 지식을 측정하기 위해 팔메(Palmore, 1988)가 개발한 FAQ I과 FAQ II의 문항과 선행연구를 기초로 해서 가족관계 영역, 심리적 영역, 신체적 영역, 사회적 영역 등의 내용으로 구성하였다.

고령화 사회에 대한 이해

고령자에 대한 지식을 묻는 문항 중 고령화 사회에 대한 문항과 통계청 자료를 바탕으로 구성하였다.

고령친화산업에 대한 인식

2009년 지식경제부의 고령친화산업 중장기 마스터플랜 수립 최종보고서를 토대로 14개 분야로 세분화하였으며 고령친화산업의 인식 여부, 인식 경로, 필요성, 발달정도, 전망, 직업으로서의 선택 의사 및 이유, 발달 요망 분야 등으로 구성하였다.

사후평가

사전평가문항에 체험 후 평가에 대한 태도와 지식과 노후에 대한 관심 정도가 얼마나 변했는지를 묻는 문항을 추가하였다. 또 어떤 체험이 가장 인상 깊었는지 등의 문항을 넣어 고령친화 체험관 운영 시 적용될 수 있도록 했다.

활용방법

위의 설문 내용을 바탕으로 체험 대상자에 알맞게 재구성한다.

ex) 전시체험과 생애체험을 한 고등학생 : 고령자에 대한 인식, 고령자에 대한 지식, 고령화 사회에 대한 지식

청소년 및 성인용 노화체험 설문지(사전)

이름		나이		성별	여자, 남자

1 노인과 함께 살아본 경험이 있으십니까?

1) 과거에 함께 살아본 적이 있다. 2) 현재 함께 살고 있다. 3) 함께 살아본 경험이 없다.

※ 노인과 함께 살아본 경험이 없다면 2번으로 가십시오.

1-1. 노인과 함께 살아본 경험은 어떠하십니까?

1) 매우 긍정적이다. 2) 약간 긍정적이다. 3) 그저 그렇다. 4) 약간 부정적이다. 5) 매우 부정적이다.

2 평소 알고 지내는 친척이나 이웃 노인과의 경험은 어떠하십니까?

1) 매우 긍정적이다. 2) 약간 긍정적이다. 3) 그저 그렇다. 4) 약간 부정적이다. 5) 매우 부정적이다.

3 노인관련 교육이나 강의를 받아본 경험이 있으십니까? 1) 예 2) 아니오

4 노인을 대상으로 자원봉사를 해본 경험이 있으십니까? 1) 예 2) 아니오

5 귀하가 가지고 있는 노인에 대한 생각들과 가장 가깝다고 생각하는 곳에 V표 해주세요.

No	형용사문항	1	2	3	4	5	6	7	형용사문항
1	현명한								어리석은
2	친절한								불친절한
3	무식한								박식한
4	행복한								슬픈
5	신뢰할 수 있는								신뢰할 수 없는
6	이기적인								관대한
7	비활동적인								활동적인
8	깔끔한								단정치 못한
9	호의적인								비호의적인
10	지루한								재미있는
11	생산적인								비생산적인
12	아픈								건강한
13	좋은								나쁜
14	융통성이 있는								융통성이 없는
15	의존적인								독립적인
16	진보적인								보수적인
17	매력적인								매력적이지 못한
18	인내심이 없는								인내심이 있는
19	낙천적인								비관적인
20	불평이 없는								불평이 많은

그림 2-41. 청소년 및 성인용 사전설문지

6 옳다고 생각하는 곳에 V표를 해주세요.

No	문항	맞음	틀림	모르겠음
1	65세 이상 노인들의 대부분은 기억장애, 방향감각장애, 정신착란증 등이 나타난다.			
2	노년기에 이르면 신체의 5가지 감각(시각, 청각, 촉각, 후각, 미각)의 기능이 감퇴한다.			
3	폐활량은 나이가 들면서 감소하는 경향이 있다.			
4	많은 노인들은 대부분의 시간을 우울하게 느낀다.			
5	노년기에 이르면 체력이 감소하는 경향이 있다.			
6	노년기에 이르면 약 5%정도가 장기체류기관(예 : 요양원, 정신병원, 노인주거시설 등)에서 살고 있다.			
7	노인 운전자들은 젊은 운전자들보다 1인당 사고 횟수가 더 적다.			
8	대부분의 65세 이상의 나이 많은 직장인들은 젊은 직장인들보다 효과적으로 일을 할 수 없다.			
9	65세 이상 노인의 50%이상이 정상적인 일상생활을 수행할 만큼 충분히 건강하다.			
10	대부분의 노인들은 새로운 변화에 적응할 수 없다.			
11	노인들은 보통 새로운 것을 배우는 시간이 젊은이보다 오래 걸린다.			
12	평균적인 노인들에게 있어서 새로운 것을 배운다는 것은 거의 불가능하다.			
13	노인들은 젊은 사람들보다 자극에 대해 더 느리게 반응하는 경향이 있다.			
14	대부분의 노인들은 매우 비슷하다.			
15	대부분의 노인들은 좀처럼 지루하지 않다고 말한다.			
16	대부분의 노인들은 사회적으로 소외되어 있다.			
17	대부분의 의료인은 노인에게 우선권을 적게 주는 경향이 있다.			
18	현재 우리나라 전체 인구의 10% 이상을 65세 이상의 노인들이 차지하고 있다.			
19	노인들 대부분은 빈곤선(정부에서 규정한)이하의 수입을 갖는다.			
20	대부분의 노인들은 일을 하고 있거나 자신이 할 수 있는 일거리를 갖기 원한다(가사나 자원봉사 포함).			
21	노인들은 나이가 들수록 종교에 더 의지한다.			
22	대부분의 노인들은 스스로 좀처럼 흥분하거나 화를 내지 않는다고 말한다.			
23	노인들은 시간이 갈수록 건강과 사회, 경제적인 상태가 현재와 거의 같거나 악화될 것이다.			

청소년 및 성인용 노화체험 설문지(사후)

이름		나이		성별	여자, 남자

1 노화체험을 통해 노인에 대한 귀하의 태도는 얼마나 변화하였다고 생각하십니까? 약(   )%

2 노화체험을 통해 노화 및 노인에 대한 지식이 얼마나 변화하였다고 생각하십니까? 약(   )%

3 체험이 노후에 대한 생각에 얼마나 영향을 미쳤다고 생각하십니까? 약(   )%

4 노화체험 중 가장 인상 깊었던 체험은 어느것입니까?

1) 감성 및 근력체험   2) 생활공간체험   3) 근력체험

5 귀하가 가지고 있는 노인에 대한 생각들과 가장 가깝다고 생각하는 곳에 V표 해주세요.

No	형용사문항	1	2	3	4	5	6	7	형용사문항
1	현명한								어리석은
2	친절한								불친절한
3	무식한								박식한
4	행복한								슬픈
5	신뢰할 수 있는								신뢰할 수 없는
6	이기적인								관대한
7	비활동적인								활동적인
8	깔끔한								단정치 못한
9	호의적인								비호의적인
10	지루한								재미있는
11	생산적인								비생산적인
12	아픈								건강한
13	좋은								나쁜
14	융통성이 있는								융통성이 없는
15	의존적인								독립적인
16	진보적인								보수적인
17	매력적인								매력적이지 못한
18	인내심이 없는								인내심이 있는
19	낙천적인								비관적인
20	불평이 없는								불평이 많은

그림 2-42. 청소년 및 성인용 사후설문지

⑥ 옳다고 생각하는 곳에 V표를 해주세요.

No	문항	맞음	틀림	모르겠음
1	65세 이상 노인들의 대부분은 기억장애, 방향감각장애, 정신착란증 등이 나타난다.			
2	노년기에 이르면 신체의 5가지 감각(시각, 청각, 촉각, 후각, 미각)의 기능이 감퇴한다.			
3	폐활량은 나이가 들면서 감소하는 경향이 있다.			
4	많은 노인들은 대부분의 시간을 우울하게 느낀다.			
5	노년기에 이르면 체력이 감소하는 경향이 있다.			
6	노년기에 이르면 약 5%정도가 장기체류기관(예 : 요양원, 정신병원, 노인주거시설 등)에서 살고 있다.			
7	노인 운전자들은 젊은 운전자들보다 1인당 사고 횟수가 더 적다.			
8	대부분의 65세 이상의 나이 많은 직장인들은 젊은 직장인들보다 효과적으로 일을 할 수 없다.			
9	65세 이상 노인의 50%이상이 정상적인 일상생활을 수행할 만큼 충분히 건강하다.			
10	대부분의 노인들은 새로운 변화에 적응할 수 없다.			
11	노인들은 보통 새로운 것을 배우는 시간이 젊은이보다 오래 걸린다.			
12	평균적인 노인들에게 있어서 새로운 것을 배운다는 것은 거의 불가능하다.			
13	노인들은 젊은 사람들보다 자극에 대해 더 느리게 반응하는 경향이 있다.			
14	대부분의 노인들은 매우 비슷하다.			
15	대부분의 노인들은 좀처럼 지루하지 않다고 말한다.			
16	대부분의 노인들은 사회적으로 소외되어 있다.			
17	대부분의 의료인은 노인에게 우선권을 적게 주는 경향이 있다.			
18	현재 우리나라 전체 인구의 10% 이상을 65세 이상의 노인들이 차지하고 있다.			
19	노인들 대부분은 빈곤선(정부에서 규정한)이하의 수입을 갖는다.			
20	대부분의 노인들은 일을 하고 있거나 자신이 할 수 있는 일거리를 갖기 원한다(가사나 자원봉사 포함).			
21	노인들은 나이가 들수록 종교에 더 의지한다.			
22	대부분의 노인들은 스스로 좀처럼 흥분하거나 화를 내지 않는다고 말한다.			
23	노인들은 시간이 갈수록 건강과 사회, 경제적인 상태가 현재와 거의 같거나 악화될 것이다.			

⑦ 노화체험을 하신 후 본인의 노후는 어떨 것 같은지, 어떻게 맞이할 것인지를 적어주시기 바랍니다.

어린이용 평가(유치원 및 초등학생)

조사도구 구성

선행연구를 참고로 고령친화 체험관의 내용에 맞게 수정 및 재구성 하여 조사대상자의 일반적인 사항, 고령자에 대한 태도를 측정할 수 있는 문항으로 구성하였다.

아동의 고령자에 대한 태도

'고령자에 대한 태도'와 '고령자관 척도'의 내용을 고령친화 체험관의 목적과 대상에 맞게 수정하였다.

고령자의 이미지

고령자나 고령자가 되는 것에 대하여 갖고 있는 기대, 고령자에게 받은 일반적인 인상이나 수용, 또한 고령자에게서 형성된 독특한 느낌 등에 대한 문항으로 구성하였다.

고령자의 신체적 특징

고령자의 생리적인 현상이나 외모에 대한 사고 경향을 묻는 문항으로 구성하였다.

고령자의 지적 특징

고령자에게 필요한 인지적 능력에 대한 사고 체계에 대한 내용으로 구성하였다.

고령자의 성격 특징

고령자에게 일반화 된 성격특성에 대해 갖는 느낌에 대한 문장으로 구성하였다.

고령자의 사회적 특징

고령자의 대인관계와 경제적 능력에 대해 갖는 느낌에 대한 내용으로 구성하였다.

____________ 초등학교 생애체험 설문지

이름		나이		성별	여자, 남자

문항	질 문	네	아니요
1	나는 할아버지, 할머니를 좋아한다.	☺ 네	☹ 아니요
2	할아버지, 할머니는 포근하고 마음이 따뜻하시다.	☺ 네	☹ 아니요
3	나는 할아버지 할머니와 살고 싶다.	☺ 네	☹ 아니요
4	할아버지, 할머니는 자주 병이 나고 아프시다.	☺ 네	☹ 아니요
5	할아버지, 할머니는 느리게 움직이신다.	☺ 네	☹ 아니요
6	할아버지, 할머니는 항상 깨끗하며 좋은 냄새가 난다.	☺ 네	☹ 아니요
7	할아버지, 할머니는 멋쟁이시다.	☺ 네	☹ 아니요
8	할아버지, 할머니는 기억을 잘 못하신다.	☺ 네	☹ 아니요
9	할아버지, 할머니는 우리들에게 많은 것을 가르쳐 주신다.	☺ 네	☹ 아니요
10	할아버지, 할머니는 화를 잘 내신다.	☺ 네	☹ 아니요
11	할아버지, 할머니는 친절하시다.	☺ 네	☹ 아니요
12	할아버지, 할머니는 재미있다.	☺ 네	☹ 아니요
13	할아버지, 할머니는 아빠나 엄마처럼 직장에서 일을 할 수 있으시다.	☺ 네	☹ 아니요
14	할아버지, 할머니는 다른 사람과 사이좋게 지내신다.	☺ 네	☹ 아니요
15	할아버지, 할머니는 어린이들과 함께 놀이하는 것을 좋아하신다.	☺ 네	☹ 아니요

그림 2-43. 어린이용 설문지

2) 체험복 착 · 탈의

체험복 착 · 탈의는 프로그램 진행자의 지시를 정확히 따르지 않으면 시간 소요가 많이 되기 때문에 체험자들이 정확한 순서 및 착·탈의 방법, 주의사항에 대한 교육이 확실히 이루어질 수 있도록 해야 한다. 특히 갑자기 80세 이상의 고령자의 신체 상태가 되기 때문에 안전사고가 발생할 수 있으므로 더욱 주의해야 한다.

체험복

특징

고령자 체험복은 80세 고령자의 평균 체력과 감각을 느낄 수 있도록 고안된 체험 장비로서 착용 후 시계보기, 신문보기, 약 먹기, 공중전화 걸기, 음료수 먹기, 식사하기, 계단 오르기 등 일상을 체험함으로써 노년층이 생활 속에서 겪는 애로와 불편을 몸소 느껴볼 수 있다.

사양

- 한국인의 체형에 맞추어 디자인 되었으며 신장 155~180cm면 누구든지 착용이 가능하다.
- 사이즈가 폭 넓게 조절될 수 있어 체형이 서로 다른 사람들 모두 착용할 수 있다.

체험복 구성

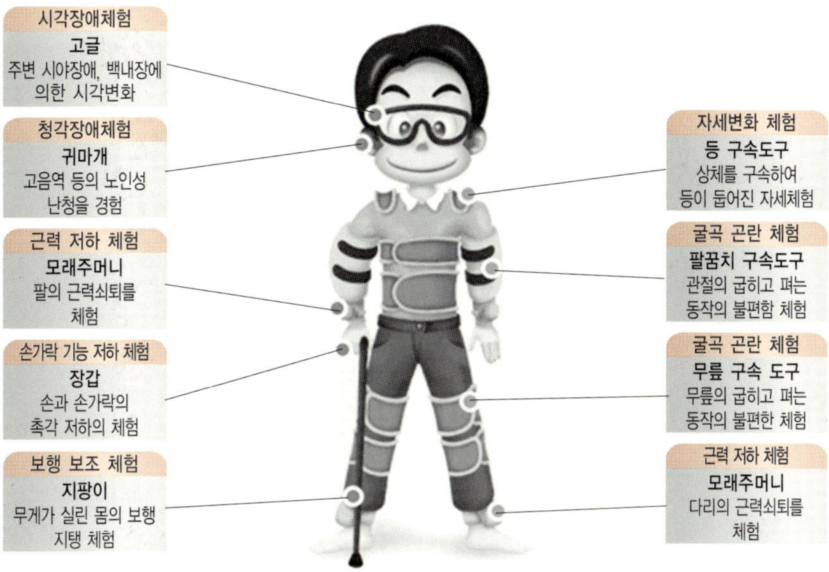

그림 2-44. 체험복 구성

자료 : 대화메디피아 사업소개 자료

장비착용 및 탈의 순서

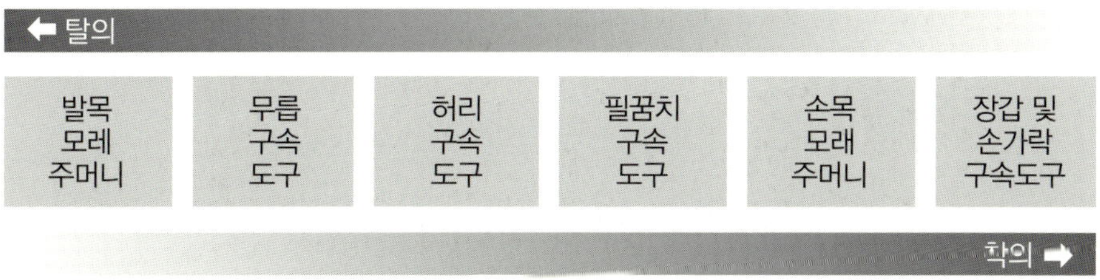

그림 2-45. 체험복 착·탈의 순서

착·탈의 시 유의사항

첫째, 체험자가 앞에서 설명하는 프로그램 운영자의 설명에 집중하고 지시에 잘 따를 수 있도록 한다.

둘째, 체험자가 착용 순서를 정확하게 지키도록 한다.

셋째, 체험자가 장비 착용 중 또는 착용 후, 탈의 시 장난을 하면 안전사고를 유발할 수 있으므로 주의를 준다.

넷째, 장비 착용 후 제자리에 앉아 3분 이상의 적응 시간을 갖도록 한다.

다섯째, 프로그램 운영자의 지시 없이 먼저 탈의하지 않도록 한다.

여섯째, 다음 체험자를 위해 프로그램 운영자가 지시한 방법에 따라 순서대로 정리하도록 한다.

그림 2-46. 성남 고령친화 체험관(임시) 장비착용 모습.

3) 노화체험 프로그램

감성체험

감성체험은 고령자의 노화에 따른 신체변화로 인한 어려움을 경험해 보는 체험으로, 시각체험, 청각체험, 촉각체험, 근력체험 등으로 이루어져 있다.

시각체험

어지럼방 체험

- 어지럼방을 지나기 전 갑작스런 시각적인 변화에 당황하기 않게 미리 설명한다.
- 고령자가 되면 시각적으로 초점을 맞추기 힘들고 빈혈과 평형감각이 떨어짐으로 인한 어지럼증이 많이 발생한다는 점을 설명한다.
- 어지럼방을 통과한다.

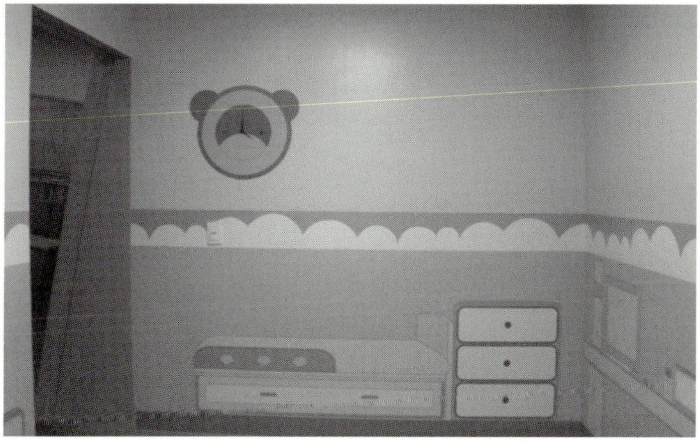

그림 2-47. 어지럼방

LCD 모니터를 통한 시각체험

- 어지럼방이 노화에 따른 시각기능의 변화를 잠깐 경험한 것임을 설명한다.
- 노화에 따른 시각기능의 변화에 대해 설명한다.
- LCD 모니터를 통해 정상적인 눈으로 봤을 때의 경우와 고령자성 황반현상 또는 백내장이 발생했을 때의 차이를 비교해서 보여준다.
- 몇 가지 질문을 통해 반응을 살펴본다.

체험용 고글 착용을 통한 시각체험

- 한정된 시간 내에 체험을 진행하기 위해서 체험자 개개인에게 시간을 할애하기 어려우므로 2~3명 정도의 체험자를 선정한다.
- 선정된 체험자들에게 체험용 고글을 착용하지 않은 채 시각체험용 그림판을 확인하게 한 후 약간의 시간을 준다.
- 잠시 후 체험용 고글을 착용한 후 시각체험용 그림판을 보게 한 후 착용전과 착용후의 차이점을 말하게 한다.
- 몇 몇 체험자에게는 체험용 고글을 착용한 채로 책을 읽게 한다.
- 어르신들의 생활 속의 시각적 어려움과 불편함을 다시 한 번 설명해준다.
- 나머지 체험자들도 체험해 볼 수 있도록 약간의 시간을 준다.

청각체험

LCD 모니터와 스피커를 통한 청각체험

- 노화에 따른 청각기능의 변화에 대해 설명한다.

- 고령자용 난청체험을 위해 LCD모니터에 어르신의 사진이 보일 때 스피커에서 나는 소리와 일반 성인의 사진이 보일 때 스피커에서 나는 소리를 들려준다.
- 두 소리의 차이에 대한 느낌과 의견을 들은 후 어르신들의 청각 상태를 이해시킨다.
- 헤드폰을 낀 채로 적은 소리에서 큰 소리로, 낮은 톤의 소리에서 높은 톤의 소리로 들려주며 반응을 살핀다.
- 두 명씩 짝을 지어 헤드폰을 낀 채로 서로 책을 읽어주게 한 후 그 느낌과 의견을 서로 공유하게끔 한다.
- 어르신들과 대화할 때의 요령이나 함께 생활할 때의 청각적인 배려 등에 대해 설명해준다.

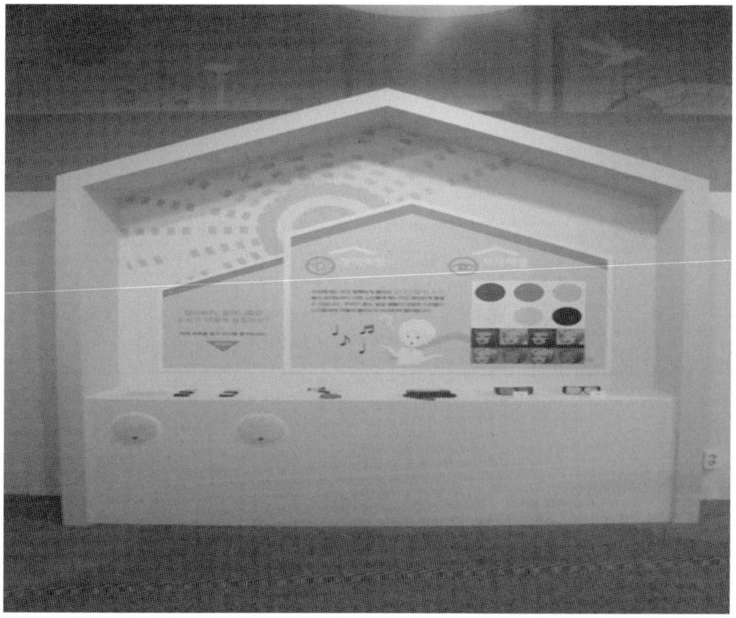

그림 2-48. 시각 및 청각체험 공간

촉각체험 및 근력체험

유니버설 디자인 용품을 이용한 체험

- 촉각 체험은 유니버설 디자인 용품을 이용한 체험이다.
- 노화에 따른 촉각기능 및 근력기능 변화에 대해 설명한다.
- 2~3명 정도의 체험자를 선정한 후 눈을 가리게 한다.
- 선정된 체험자들에게 분리된 촉각판 하나를 들어 충분히 촉각을 느낄 수 있도록 한 뒤 고정된 촉각판에서 똑같은 느낌의 촉각을 찾도록 한다.
- 체험자들에게 여러 가지 형태의 병과 캔디 통, 캔 등을 열어보게 한다.
- 체험자들에게 여러 가지 형태의 컵을 잡아보게 한다.
- 촉각이나 근력의 저하를 지원해주는 유니버설디자인 용품들을 설명해 주고 체험하게 한 후 체험자들의 느낌과 의견을 들어본다.
- 어르신들의 촉각저하나 근력저하로 인한 생활의 불편함을 인식시키고 이를 감안한 용구들의 디자인적 배려가 필요함을 설명한다.
- 나머지 체험자들도 체험해 볼 수 있도록 시간을 준다.

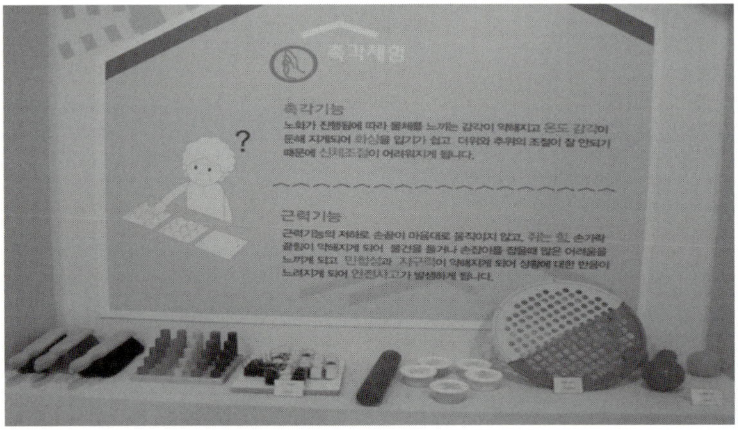

그림 2-49. 촉각체험 공간

주거공간체험

주거공간체험은 고령자의 노화에 따른 신체변화로 인한 생활상의 어려움을 실제 주거환경처럼 꾸며진 공간에서 체험해 보는 것으로 현관체험, 거실체험, 부엌 및 식당체험, 욕실 및 화장실 체험 등으로 이루어져 있다.

현관체험

우리 집 현관 상상체험

- 현관에서 주로 이루어지는 활동에 대해 서로 의견을 나누어 본 후 현재 자신들의 집의 현관을 머릿속으로 그려보게 한다.
- 현관 출입문 외부에 물건을 잠시 올려 놓울 수 있는 거치가구를 설치하는 것이 좋음을 설명한다.
- 디지털 도어락으로 현관문을 열고 들어가면서 어르신들에게 편리한 열쇠잠금장치에 대해 설명한다.
- 현관에 들어선 후 현관조명은 센서등과 스위치 점등을 함께 설치하는 것이 좋음을 설명한다.

현관 수납장과 보조의자 체험

- 4명 정도의 체험자를 선정한 다음 신발장과 수납장등을 열어보게 한 후 느낌이나 의견을 듣는다.
- 어르신들에게 편리한 손잡이 형태와 안전사고 대비를 위해 수납장을 설치하는 것이 좋다는 점을 이해시킨다.
- 선정된 체험자 두 명에게 신발장에 있는 끈으로 묶는 운동화를 꺼내세 한 후 신었다가 다시 벗어보도록 한다.

- 선정된 체험자 두 명에게 준비된 간이의자에 앉아서 끈으로 묶는 운동화를 꺼내게 한 후 신었다가 다시 벗어보도록 한다.
- 간이의자를 사용할 때와 사용하지 않을 때의 어떤 차이가 있었는지 그 느낌이나 의견을 듣는다.
- 현관 보조의자 설치 후 편리함과 안전사고 예방에 대해 설명한다.
- 나머지 체험자들도 체험해 볼 수 있도록 시간을 준다.

그림 2-50. 현관체험 공간

현관단차와 안전손잡이 체험

- 현관에서 거실로 올라오는 곳에 준비된 높이별 단차를 오르내리도록 한 후 느낌과 의견을 듣는다. 과거 한옥집 마루를 연상하도록 하는 것이 상황설정에 유리하다.
- 안전손잡이를 잡고 단차가 있는 현관을 오르내리도록 한 후 느낌과 의견을 듣는다.

- 단차 유무, 단의 높이 별, 안전손잡이 유무에 따른 차이에 대한 느낌과 의견을 듣는다.
- 현관의 단차를 없앨 수 있는 방법이나 용품들에 대한 정보를 주고 설치 후 편리함과 안전사고 예방에 대해 설명한다.

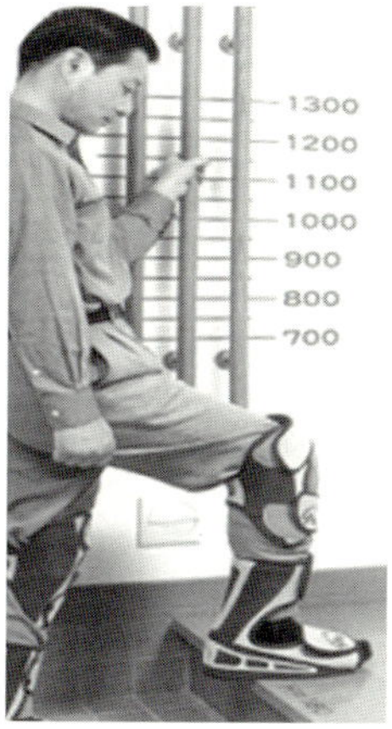

그림 2-51. 현관단차체험 공간

거실체험

입식과 좌식 비교체험

- 방석과 의자 혹은 소파를 번갈아가며 체험자들에게 앉았다 일어나게 한 후 느낌과 의견을 듣고 어르신들에게는 우리 전통 좌식보다는 입식이 편리하다는 것을 설명한다.
- 의자에 앉았다 일어날 때 보조해주는 기립 보조기구를 체험해 보게 한다.
- TV 리모콘을 조작해 보게 한 후 느낌과 의견을 듣고 전자제품의 조작버튼이나 리모컨 버튼의 크기가 적당하고 조작이 간단해야 함을 설명한다.

그림 2-52. 기립보조의자 체험

문고리 체험

- 세 가지 문고리(원형, 타원형, 레버형)를 잡았을 때의 느낌과 열고 닫을 때의 들어가는 힘의 정도를 비교해보면서 체험하도록 한다.
- 체험자들의 느낌과 의견을 들은 후 각 손잡이별 장·단점을 비교 설명한다.

그림 2-53. 문고리체험(좌로부터 원형, 타원형, 막대형, 레버형)

스위치 및 콘센트 높이 체험

- 체험자들에게 휠체어에 탄 채로 세 가지 높이의 콘센트들을 체험해보도록 한다.
- 체험 후 느낌과 의견을 듣고 스위치와 콘센트 높이가 고령자들에게 미치는 영향에 대해 설명한다.

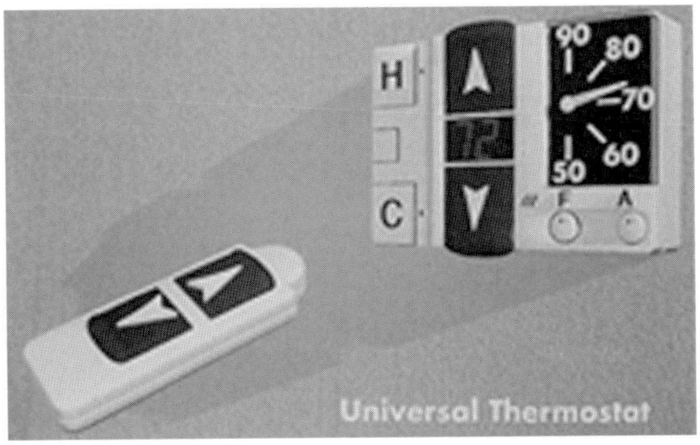

그림 2-54. 스위치체험

부엌 및 식당체험

레인지 및 환풍기 체험

- 체험자 중 한명을 선정해 휠체어에 태운 후 일반 레버형 가스레인지와 전기 쿡탑을 점화하도록 한다.
- 체험자가 레인지 위의 냄비들을 이동하게 한다.
- 휠체어에 탄 체험자와 체험을 지켜본 타 체험자들의 느낌과 의견을 듣고 일반 가스레인지를 사용하시는 어르신들의 불편함과 안전사고 위험에 대해 설명한다.
- 가열대나 레인지의 점화를 나타내는 표시등을 전면에 크게 설치하는 방법에 대해서 설명한다.
- 어르신들은 후각능력이 약화되기 때문에 가스감지기나 화재경보장치를 설치하고 경고 신호를 어느 곳에서나 듣고 볼 수 있도록 시청각적 장치를 고려해야 함을 설명한다.
- 조리대 위의 냄비 등을 밀어 옮길 수 있도록 조리대, 개수대, 가열대 사이가 단절되지 않고 턱이 없도록 계획해야 함을 설명한다.
- 선정된 체험자에게 두 가지 종류의 환풍기 작동버튼(작동버튼이 환풍기 본체에 있는 경우)을 작동하도록 한다.
- 체험을 지켜본 후의 느낌과 의견을 듣고 환풍기 작동버튼의 디자인과 높이에 대해 설명한다.
- 레인지의 후드 조명과 환풍기의 스위치를 하나로 연결해 동시에 작동할 수 있는 방법을 설명한다.
- 나머지 체험자들도 체험해 볼 수 있도록 시간을 준다.

싱크대 체험

- 체험자 중 한 명을 선정해(휠체어에 앉은 사람 제외) 일반 찬장과 수동식 리프트가 장착된 유니버설 디자인의 싱크대 상부 수납장과 일부를 카트 형식으로 만들어 이동할 수 있는 하부 수납장을 체험하도록 한다.
- 휠체어에 탄 체험자에게 일반 싱크대와 하부가 뚫어져 있는 싱크대에서 여러 가지 가사 행동 포즈를 취해보게 한다.
- 휠체어에 탄 체험자와 체험을 지켜본 탄 체험자들의 느낌과 의견을 들은 후 부엌 가구에 적용할 수 있는 유니버설 디자인에 대해 설명한다.

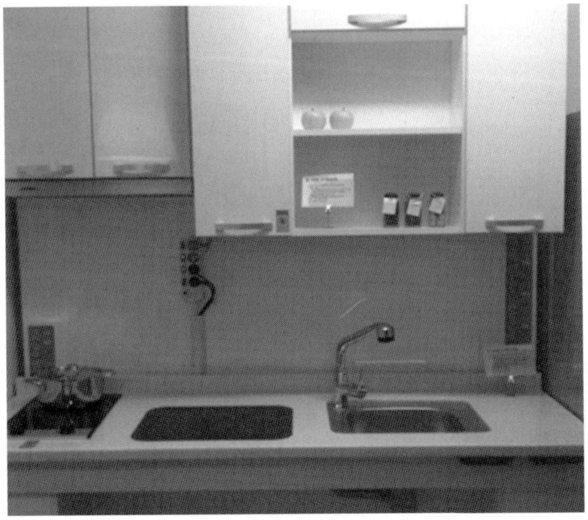

그림 2-55. 싱크대체험

식탁체험

- 식탁 위에 있는 어르신들의 식사를 보조할 수 있는 식사보조용품들이 어떤 용도로 쓰이며 어떤 기능을 하는지, 어떤 장·단점이 있는지 고려하면서 체험하도록 한다.

- 체험 후 각 용품들의 용도와 기능 및 장단점에 대해 질문을 던지고 답변을 듣는다.
- 답변 내용이 부족한 부분만 보충 설명을 한다.
- 팔걸이가 있는 의자와 없는 의자를 체험하도록 한다.
- 체험 후 어떤 의자가 더 편했는지 그 느낌과 의견을 듣고 팔걸이가 있는 의자가 디자인 면이나 기능적으로 어른신들에게 더 편리함을 설명한다.

그림 2-56. 전동식탁체험

욕실 및 화장실체험

미서기문과 종류별 바닥재 체험

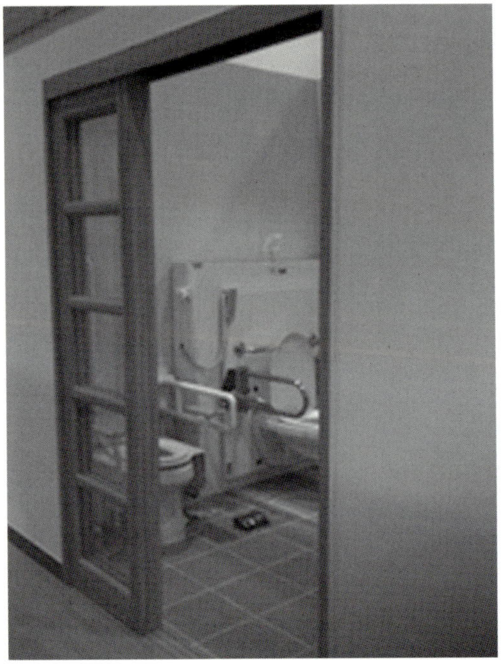

그림 2-57. 슬라이딩도어의 매입형 문턱

- 어르신들의 안전사고의 대부분이 욕실 및 화장실에서 일어남을 설명한다.
- 안전사고를 고려해 안에서 밖으로 열리는 문이나 슬라이딩 도어를 설치해야 함을 설명한다.
- 안전사고를 고려해 벽면에 안전손잡이와 바닥까지 잡아당길 수 있는 끈이 연결된 비상벨, 비상전화 등을 설치해야 함을 설명한다.
- 안전사고를 고려해 물사용 공간에서는 미끄럽지 않은 바닥재를 사용해야 함을 설명하고 바닥에 설치되어 있는 종류별 바닥재를 체험하도록 한다

세면대와 변기체험, 샤워기 체험

- 두 가지 종류의 세면대(고정식과 높이 조절식)를 비교해 설명한다.
- 변기 옆에 부착되어 있는 고정식, 접이식 안전손잡이의 기능에 대해 시연을 하면서 설명한다.
- 샤워보조의자와 높이 조절이 가능한 샤워꼭지를 사용해 어르신들이 안전하고 편리하게 샤워할 수 있음을 시연을 하면서 설명한다.
- 체험자들이 체험해 볼 수 있도록 시간을 준다.

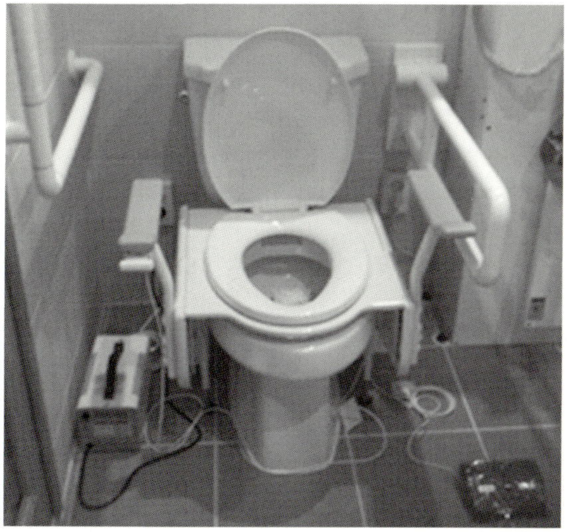

그림 2-58. 전동 변기커버

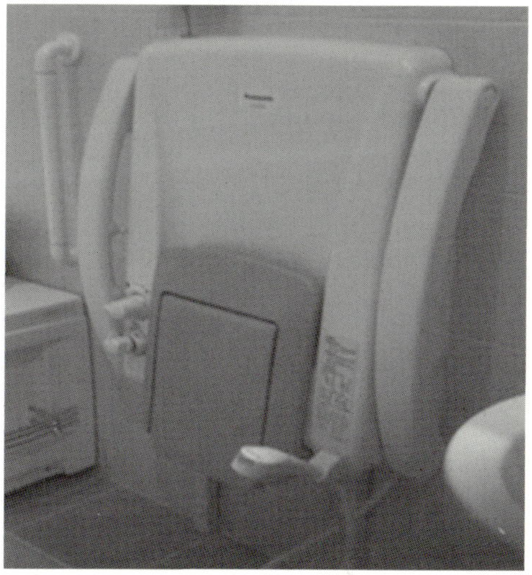

그림 2-59. 좌식샤워기

기타

- 욕실에 비치해 두면 좋은 용품들을 소개하고 체험자들이 어르신들을 배려해 디자인한 용품의 필요성을 이해하도록 한다.
- 실제 욕조를 체험해 볼 수 없는 경우에는 욕조 사용 시 보조해 줄 수 있는 벤치나 욕조주변의 안전손잡이에 대해서 설명한다.

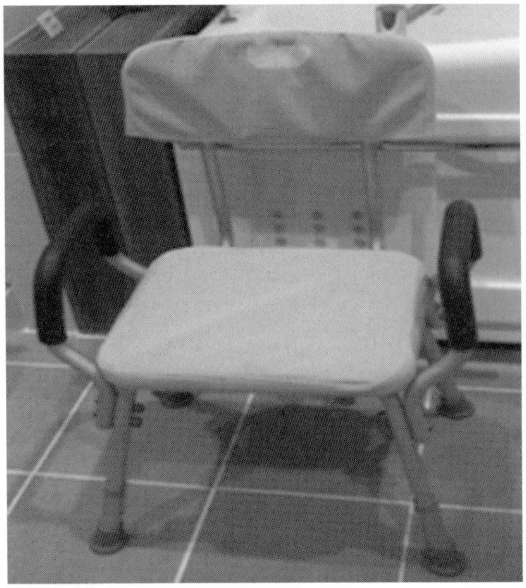

그림 2-60. 특수재질로 만들어진 샤워의자

그림 2-61. 수압마사지가 가능한 월풀욕조

보행체험

보행체험은 보행이 불편한 어르신들이 일상생활 속에서 겪는 문제점 들을 체험할 수 있는 공간으로 슬로프 체험과 계단체험 등으로 이루어져 있다.

계단체험

- 고령자의 입장에서 계단의 종류별로 경사각, 폭, 높이 등이 어떻게 느껴지는지 고려하면서 체험하도록 한다.
- 체험 후 느낌과 의견을 듣고 계단의 폭, 높이에 따른 오르내리기의 차이와 낙상사고의 위험 등에 대해 설명한다.

그림 2-62. 계단체험공간

휠체어를 이용한 슬로프체험

- 경사도가 다른 슬로프가 각각 어떻게 느껴지는지 고려하면서 체험해야 함을 설명한다.

- 휠체어의 종류와 작동방법 및 안전사고 위험 등에 대해 설명한다.
- 체험자들이 체험해 볼 수 있도록 시간을 준다.
- 체험자중 한명을 선정해 함께 휠체어를 이용한 슬로프체험을 시연한다.
- 체험자들 중 휠체어 체험을 하고 싶은 사람들은 두 명씩 짝을 짓도록 한다.
- 한 사람은 휠체어 사용자가 되고 다른 한 사람은 휠체어 도우미가 되어 슬로프를 오르내리도록 한다(올라갈 때 교대한다). 휠체어 도우미는 휠체어를 고정시킨 후 사용자를 휠체어에 안전하게 앉게 한 후 자세를 정리해주고 출발하는 것부터 휠체어를 정리하는 것까지 체험하도록 한다.
- 나머지 체험자들은 보장구만 착용한 상태에서 슬로프체험을 하도록 한다.
- 체험 후 슬로프 경사도에 따른 느낌과 의견을 듣고 고령자들과 장애인들의 휠체어 사용의 어려움 및 안전사고에 대한 설명을 한다.

그림 2-63. 슬로프체험공간

체험복 탈의 및 정리

- 순서대로 체험복을 탈의 한 후 팔보호대, 다리 보호대, 모래주머니 등은 벨크로(찍찍이) 부분이 나오지 않도록 붙여 올바르게 정리하도록 하며 안경과 귀마개 등은 따로 보관하여 둔다.
- 등보호대는 벨크로끼리 서로 엉겨 붙자 않도록 하고 둥근 등 부분이 위쪽으로 가게 해 가장 마지막에 넣도록 한다.
- 정리 시 보호대의 지지대가 파손이나 심하게 변형되지 않도록 주의를 준다.

그림 2-64. 체험복을 착용한 체험자들

4) 체험프로그램 진행자 교육

교육의 목적

고령친화체험 프로그램을 운영하는 강사는 체험자들에게 노화체험을 통해 고령자의 일상생활에 대한 인간의 신체뿐만 아니라 심리적인 면에 대해서도 이해가 될 수 있도록 정확하게 조언 할 수 있어야 한다.

노화체험은 정상인이라도 체험 장비로 인해 신체적인 기능에 제한이 있기 때문에 안전사고가 발생할 경우가 많으므로 안전성을 배려한 지도강사의 역할은 굉장히 중요하다.

지도강사는 체험 대상에 대한 이해나 교육 후 부정적인 태도에 대응하는 방법, 집중도를 높여주기 위한 기술, 체험자들의 경험을 충분히 이끌어 낼 수 있는 공유의 능력 등을 갖고 있어야 한다.

타 체험관의 경우 사회복지사나 사회복지 관련 과목을 이수한자들이 생애체험 강사로 활용하고 있다.

교육과목

교육은 크게 이론교육과 실습교육으로 나눌 수 있으며 이론교육은 성공적인 노화, 안전하고 쾌적한 노후 주거생활, 효과적인 의사소통 기술 등 기본이론에 대한 내용과 노화체험에 대한 이해, 노화체험 강사의 자질 등 노화체험에 대한 이론으로 이루어진다. 실습교육은 사전실습, 체험공간 구성 및 동선에 대한 이해, 체험과정별 진행에 대한 이해, 사전·사후 평가에 대한 이해, 현장체험실습 등으로 이루어질 예정이다. 구체적인 내용은 표 2-4와 같다.

교육시간

이론교육

- 1차, 2차, 3차로 총 22시간(3시간*6과목/실습시간)으로 구성된다.

실습교육

- 각 코스별로 실습에서 사후평가까지 진행해 볼 수 있도록 한다.

교육안 제출

- 신규 프로그램에 관한 교육안을 제출 하도록 한다.

표 2-4. 교육과목

구 분	과 목	비 고
기본이론교육	성공적인 노화 – 노년기 생물학적, 심리적, 사회적 변화 – 성공적 노화의 3요소	1차
	안전하고 쾌적한 노후주거 생활 – 노후의 신체변화와 주거환경 – 고령자에게 편리한 주거환경	2차
노화체험이론	– 노화체험 교육에 대한 이해 – 노화체험 강사의 자질에 대한 이해	3차
실습교육	– 사전교육 내용에 대한 이해 및 실습 – 체험공간 구성 및 동선에 대한 이해 – 체험과정별 진행에 대한 이해 – 사전 : 사후 평가에 대한 이해 – 현장체험실습	

참고문헌

- 강미나(2007). 고령자주거복지 제고를 위한 종합계획 수립연구 : 고령자 생화패턴 분석을 통한 주거환경 편리성 개선방안 연구, 국토연구원.
- 강인(2003). 고령자유사체험이 고령자와 체험자 자신의 노화에 대한 태도에 미치는 영향. 한국고령자복지학회 고령자복지연구 vol 19 2003년 봄호, pp. 7~30.
- 건설교통부.한국주거학회(2007). 고령자가구 주택개조 매뉴얼.
- 고도재(2003). 어린이 디자인 체험전시관의 공간구성 및 전시연출에 관한 연구. 홍익대학교.
- 구성옥(2007). 디지털 스토리텔링을 적용한 체험적 기업 전시관 디자인에 관한 연구, 홍익대학교 대학원.
- 국토연구원(2009). 한국형 국가공간정보인프라 모델정립 및 글로벌화 전략 연구.
- 국토연구원(2009). 한국형 고령자주택 유형 개발에 관한 연구.
- 국토연구원(2009). 한국형 국가공간정보인프라 모델정립 및 글로벌화 전략 연구.
- 곽혜진(2007). 공감각적 체험을 위한 박물관 전시 연출에 관한 연구, 홍익대학교 대학원.
- 권세영, 김억(2005). 유비쿼터스 전시연출 방향에 관한 연구 - 기업전시관을 중심으로. 대한건축학회 창립60주년기념 학술발표대회논문집.
- 권소영(2002). 시간개념을 적용한 공간 디자인에 관한 연구 : '움직임'에 의한 미디어 아트 전시공간 계획을 중심으로, 홍익대학교 산업미술대학원.
- 김경미(2008). 장애고령자주거체험관의 실내디자인 계획. 홍익대학교 대학원.
- 김기숙(2010). '체험공유' 패러다임에 의한 스마트 스페이스 전시공간에 관한 연구, 성균

관대학교 일반대학원.

- 김미연. 김정현, 최진원(2008), 인터렉티브 체험형 전시공간 디자인을 위한 사례분석 연구, 대한건축학회.
- 김민수(2008). 뉴미디어를 활용한 인터랙션 전시연출 특성 연구, 국민대학교 디자인대학원.
- 김민하(2007). 유비쿼터스 아파트 거주자들의 시스템 이용 현황을 중심으로 한 공간사용 행태 변화에 관한 연구, 한양대학교 건축대학원.
- 김미연, 김정현, 최진원(2008). 인터렉티브 체험형 전시공간 디자인을 위한 사례분석 연구. 대한건축학회논문집 계획계 24(1).
- 김복순(2006). 초등학생 고령자인식 교육프로그램 개발 연구. 단국대학교 대학원.
- 김상곤, 임한영(2007). 고령자유사체험이 청소년의 고령자에 대한 지식과 태도에 미치는 효과. 고령자복지연구 통권 37호.
- 김소영(2003). 장묘문화 박물관 전시공간의 환경친화적인 디자인 도입에 관한 연구, 홍익대학교 대학원.
- 김수봉(2009). 고령친화용품 소비 실태 및 만족도에 관한 연구, 한국보건사회연구원.
- 김연주(2008). 공공시설에 적용된 사용자 측면의 유니버설디자인 평가방법에 대한 연구. 경기대학교.
- 김영옥(2009). 고령자유사체험이 임상간호사의 고령자에 대한 태도 및 고령자돌봄 태도에 미치는 효과. 경상대학교 대학원.
- 김영주, 이윤희, 신화경(2008). 국내 고령자생애체험전시관의 공간디자인 특성 연구, 한국실내디자인학회.
- 김용기(2011). 체험형 전시공간의 실내환경 연출에 관한 연구 : 인터렉티브 매체를 중심으로. 한양대학교.
- 김윤정, 정선아(2001). 청소년의 고령자에 대한 태도: 고령자에 대한 인식과 행동간의 관계규명을 중심으로. 한국가정관리학회지 19권 6호.
- 김정선(2009). 디지털 감성요소를 적용한 공간마케팅 계획 : 기업홍보를 위한 브랜드 쇼케이스 설계,홍익대학교 건축도시대학원.
- 김정윤(2008). 주택문화관의 디자인 차별화 전략에 관한 연구. 연세대학교 대학원.

- 김지혜(2010). 인터랙션 디자인을 활용한 기업홍보 플래그십 스토어 계획, 弘益大學校 建築都市大學院.
- 나카가와 사토시(2005). 유니버설디자인 매뉴얼. 디자인로커스.
- 민병곤(2010). 차이를 내포한 환경의 소통과 회복을 통한 지속가능한 체험형 에코센터에 관한 연구, 홍익대학교 대학원.
- 민준홍(2010). 단위전시공간 분석을 위한 시지각 지표 특성에 관한 연구 : 국립중앙박물관(역사계)를 중심으로, 홍익대학교 대학원.
- 문창호(2004). 최근 일본 고령자주거시설의 건축적 특징에 관한 연구, 대한건축학회.
- 문희정, 김미희(2004). 재가노인 단독세대의 주택내 안전사고 실태 및 실내환경 평가에 관한 연구. 한국주거학회 논문집 15(1).
- 박규라(2004). 기업전시의 특성과 관람객 연구 : IT 전시에서의 관람객 구매의도 사례를 중심으로, 홍익대학교 미술대학원.
- 박미은(2006). 고령자이미지에 대한 세대 간 차이에 관한 연구. 한남대학교 일반대학원.
- 박성신(2008). 공간 디자인마케팅의 전략과 효과에 관한 연구, 연세대학교 대학원.
- 박신영(2008). 고령자 주거지원 방안, 한국주거학회.
- 박정란, 이영숙(2001). 청소년과 중년이 갖고 있는 노인의 고정관념 비교연구. 노인복지연구 19.
- 박지민(2008). 주택문화관에서 브랜드 아이덴티티 전달을 위한 디자인 계획연구. 연세대학교 대학원.
- 박지희(2010). 종합박물관의 전시연출기법에 관한 연구, 국민대학교 디자인대학원.
- 박희령(2007). 유기체론과 감각론 적용을 통한 유비쿼터스 공간 디자인 연구, 홍익대학교 대학원.
- 변지영(2005), 유비쿼터스 환경에서의 휴먼 인터페이스 (Human-Interface) 디자인 적용성에 관한 연구, 숙명여자대학교 디자인 대학원.
- 보건복지부(2004). 고령사회에 대비한 주거환경 개선방안.
- 서경희(2009), 감각적체험이 적용된 어린이 예술문화 체험관에 관한 연구, 홍익대학교 건축도시대학원.

- 손미(2007). 유비쿼터스 학습 환경에서 체험학습의 가능성과 실현조건 탐색. 교과교육학 연구 제 11권 1호 pp. 143~172.
- 손병옥(2010). 스토리텔링 표현기법을 활용한 어린이 체험공간 계획 : 어린이 출판사 홍보관을 중심으로, 홍익대학교 건축도시대학원.
- 신명호(2009). 유비쿼터스 환경을 활용한 전시 공간 디자인에 관한 연구경기대학교, 건축전문대학원.
- 신은아(2006). 전시 커뮤니케이션의 기호학적 구조에 관한 연구 : Fair Stand를 중심으로, 홍익대학교 대학원.
- 신화경, 이윤희, 김영주(2008). 고령자를 위한 주거환경계획 의식에 관한 연구: 고령자생애체험센터를 방문한 예비디자이너를 중심으로.
- 안병운(2005). 노인유사체험이 노인에 대한 태도 및 지식에 미치는 영향. 한림대학교.
- 안수지(2006). 주거공간을 중심으로 한 유비쿼터스 연구, 서울대학원.
- 양정식(2008). 스페이스 마케팅 관점에서 본 주택문화관의 평가 연구. 한영대학교 대학원.
- 오정윤(2007). 감성마케팅과 테크놀러지를 적용한 기업 홍보관 계획, 홍익대학교 대학원.
- 오유수, 장세이, 우문택(2004). 사용자 중심의 환경맥락 기반 지능형 홈 응용. 정보과학회논문지 : 소프트웨어 및 응용 31(2).
- 오찬옥(2002). 고령자재택을 가능하게 하는 주거디자인의 방향.
- 원영희, 김동배, 이금룡, 한정란(2002). 노인의 자원봉사활동이 중학생의 노인에 대한 태도에 미치는 영향. 한국노년학회 22(2)
- 유용우(2002). 감성디자인이 적용된 미래 주거공간 연구 : Murtha and Lee의 사용자 이득기준에 따른 미래주택관 human space 사례분석, 연세대학교 생활환경대학원.
- 유지현(2007). 전시패널의 주목도에 관한 연구. 이화여자대학교.
- 유태현(2005). 박물관 전시부문의 관람동선유도 방법에 관한 연구 : 동선유도방식의 분포특성과 사인의 인지범위 분석을 중심으로, 弘益大學校 大學院.
- 윤석민(2008). 어린이를 대상으로 한 에듀테인먼트(Edutainment) : 체험학습과 테마가 결합된 공간디자인에 관한 연구, 홍익대학교 건축도시대학원.
- 윤지원(2007). 유비쿼터스 환경에서 네트워킹 인터페이스 공간디자인 적용에 관한 연구 :

디지털 IT 체험관 중심으로, 홍익대학교 대학원.

• 이경애(2009). 주택문화관 실내공간계획 : 전통공간요소 적용, 홍익대학교 건축도시대학원.

• 이미라(2009). 어메니티 관점에서 본 주택문화관에 관한 연구. 동덕여자대학교.

• 이민영(2006). 고령화 사회에 있어서 유니버설디자인에 관한 연구, 대구가톨릭대학교.

• 이상훈(2007). 환경 친화성을 고려한 유비쿼터스 주거공간 디자인 방향에 관한 연구, 한양대학교 대학원.

• 이선자(1989). 한국노인에 대한 최근 연구 동향 : 보건학적 측면. 한국노년학회 9(1).

• 이수인(2008). 유비쿼터스를 활용한 학습 활성화에 관한 연구. 호서대학교.

• 이연숙(2005). 유니버설 디자인. 연세대학교 출판부.

• 이연숙, 오찬옥, 박정아(1994). 노인단독가구의 환경적 지원성 요구에 관한 연구. 한국노년학회 14(1).

• 이윤희, 서혜경(2005). 한림대학교 고령사회센타 내 생애체험 학습센타 사례를 바탕으로, 한국실내디자인학회.

• 이은실(2001). 판매공간의 조명디자인 방법에 관한 연구 : Fashion shop을 중심으로, 홍익대학교 산업대학원.

• 이재홍(2006). 유비쿼터스 컴퓨팅 기술을 적용한 기업 홍보관 건립 계획 : 보령 화력발전소 홍보관을 중심으로, 홍익대학교 대학원.

• 이주현, 이현수(2007). 유비쿼터스 주거환경을 위한 상황인지 추론 모델 개발. 대한건축학회논문집 계획계 24(2).

• 이주령(2004). 거주자 중심 스마트홈에 관한 연구 : 라이프스타일과 주생활양식을 중심으로, 연세대학교 생활환경대학원.

• 이주형(2001). 전시 시나리오의 구조와 공간연출 프로그래밍에 관한 연구, 弘益大學校 大學院.

• 이주호(2009). 장소이미지, 체험가치, 그리고 재방문의도 관계 연구, 강원대학교.

• 이지현(2008). 스페이스 마케팅 기법의 재 정의를 통한 자아정체성이 확장가 능한 쇼핑공간 연구, 홍익대학교 대학원.

• 이차웅(2006). IT홍보전시관 전시공간계획에 관한 연구, 홍익대학교 건축도시대학원.

• 이현수, 이주현(2009). 상황인지 추론 기반 유비쿼터스 거주 환경의 개념적 모델에 관한 연구. 인포디자인 이슈 8(3).

• 이혜정, (2004). 박물관의 실내공간에 있어서의 유니버설 디자인 적용에 관한 연구, 건국대학교.

• 장세이, 우문택(2003). 유비쿼터스 컴퓨팅 환경을 위한 센싱기술과 컨텍스트-인식 기술의 연구동향. 정보과학회지 21(5).

• 장은경(2010). 디지털 환경의 전시 콘텐츠 시뮬레이션 연구 : 의료정보 콘텐츠를 중심으로, 한양대학교.

• 저출산고령사회위원회(2006). 고령친화제품 종합체험관 설치방안 연구.

• 전혜원(2008). 주택문화관의 아이덴티티를 형성하는 구성 요소 디자인 특성에 관한 연구, 한양대학교 대학원.

• 정윤선(2009). 세대공동체 의식 향상을 위한 수업모형 개발. 성신여자대학교 교육대학원.

• 정은주(2006). 디지털 사회의 감성 인터랙션 공간디자인 개념과 사례분석 연구, 연세대학교 대학원.

• 정희경(2004). 감성시스템을 적용한 실내 색채이미지에 관한 연구, 홍익대학교 건축도시대학원.

• 정명섭, 이근택(2001). 고령자주거의 설계지침에 관한 연구, 한국주거학회지.

• 정준석(2009). 에코 디스플레이에 관한 연구 : 에코디자인 적용 방안을 중심으로, 성균관대학교 디자인대학원.

• 조예진(2010). 디지털미디어가 적용된 보행환경 디자인의 하이브리드 특성 연구 : 보행자와의 상호작용을 위한 시설물계를 중심으로, 홍익대학교 대학원.

• 주택산업연구원(2009). 지역 주택시장 특성분석과 활성화 방안 연구.

• 최수원(2006). 고령자유사체험이 고령자병동 간호사의 고령자에 대한 태도와 업무만족에 미치는 영향. 계명대학교 교육대학원.

• 최원선(2009). 체험마케팅을 적용한 리테일 공간의 Visual Merchandising에 관한 연구, 홍익대학교 산업미술대학원.

• 최은창, 허재두, 김수중(2004). 유비쿼터스 홈을 위한 센서 네트워크 응용. 정보과학회지 22(12).

• 최현익, 차상기, 서지은, 이정호(2008). 전시주제별 체험식 전시매체 표현특성에 관한 연구, 대한건축학회.

• 통계청(2006). 장래인구 특별추계 결과.

• 통계청(2011). 2010년 생명표.

• 하원규, 김동환, 최남희(2002). 유비쿼터스 IT혁명과 제 3공간. 전자신문사.

• 한국보건산업진흥원(2012). 고령친화산업 시장규모 전망.

• 한정란(2000). 대학생들의 노인에 대한 태도에 관한 연구. 한국노년학회 20(3).

• 한준상(1999). 장애인 정책의 문제와 성인장애교육정책의 개발과제. 한국성인교육학회 2(3).

• 홍성대(2004). 디지털 비쥬얼.오디오 콘텐츠를 위한 인터랙티브 디자인에 관한 연구, 중앙대학교 첨단영상대학원.

• 홍승일(2007). 첨단과학관의 체험형 전시를 고려한 공간구성 및 전시연출에 관한 연구, 弘益大學校 産業大學院.

• 한효정(2006). 체험마케팅을 적용한 플래그십 스토어 디자인에 관한 연구, 홍익대학교 대학원.

• 황형식(2006). 인터랙티브 전시기법을 적용한 서정적 전시 공간 계획에 관한 연구 , 弘益大學校 大學院.

• 한국교육과학기술부 (2008). 국립과천과학관 교육프로그램 개발 연구.

• 한국보건사회연구원(2009). 고령친화용품 소비실태 및 만족도에 관한 연구.

• 野村 歡 橋本美芽,『住環境のバリアフリ-デザインブック』, 2003.

• Beard C & Wilson J P(2003). Experiential Learning 2nd ed. London and Philadelphia: Kogan Page.

• Ferscha, A., Holzmann, C. and Oppl, S.(2004). Context awareness for group interaction support, Proceedings of the second international workshop on Mobility management & wireless access protocols. pp.88-97

• Intille, S.S. et al(2004). A living laboratory for the design and evaluation of ubiquitous computing technologies. CHI2005.

• Kawarada, A et al(2000). Fully automated monitoring system of health status in daily life. Engineering in Medicine and Biology Society. Proceedings of the 22nd Annual International Conference of the IEEE Volume 1. 23-28 July 2000 pp.531-533

• Koutkias, V.G. et al(2003). Multi-agent system architecture for heart failure management in a home care environment. Computers in Cardiology. 21-24 Sept. 2003. pp.383-386

• Liberman, H and Selker, T.(2000). Out of context: Computer systems that adapts to, and learn from, context, Vol. 39, NOS 3&4, IBM Systems Journal, 2000. pp.617-632

• Mori, T. et al.(2000). One-room-type sensing system for recognition and accumulation of human behavior. Intelligent Robots and Systems, 2000. (IROS 2000). Proceedings. 2000 IEEE/RSJ International Conference on Volume 1,? 31 Oct.-5 Nov. 2000. vol.1. pp.344-350

• Mozer M.C.(1998). The neural network house: An environment that adapts to its inhabitants. Proceedings of the American Association for Artificial Intelligence Spring Symposium on Intelligent Environments. Menlo, Park, CA: AAAI Press.

• Noury, N. et al.(2003). New trends in health smart homes. Enterprise Networking and Computing in Healthcare Industry 2003. Healthcom 2003. Proceedings. 5th International Workshop on 6-7 June 2003. pp.118-127

• Ogawa, M and Togawa, T.(2000). Attempts at Monitoring Health Status in the Home. 1st Annual International IEEE-EMBS Special Topic Conference on Microtechnologies in Medicine & Biology. October 2000. pp.552-556

• Ogawa, M. et al(2002). Long term remote behavioral monitoring of elderly by using sensors installed in ordinary houses. Microtechnologies in Medicine & Biology 2nd Annual International IEEE-EMBS Special Topic Conference on Microtechnologies in Medicine & Biology. May 2002. pp.322-325

• Virone, G. et al.(2003). First steps in data fusion between a multichannel audio acquisition and an information system for home healthcare. Engineering in Medicine and Biology Society. Proceedings of the 25th Annual International Conference of the IEEE Vol.2. pp.1364-1367

• Weiser, M(1991). The Computer of the 21st Century. Scientific American. 265, no. 3, pp.94-104

• Yamamoto, H. et al(2003). Measuring human behavior for safe and secure life. SICE 2003 Annual Conference. Volume 1. 2003 pp.250-253

•Yamazaki, T. (2005). Ubiquitous home: real-life testbed for home context-aware service. Testbeds and Research Infrastructures for the Development of Networks and Communities, 2005. Tridentcom 2005. First International Conference on 23-25 Feb. 2005. pp.54-59

• Youngblood, G.M. et al(2005). Managing Adaptive Versatile Environments Pervasive Computing and Communications. PerCom 2005. Third IEEE

- http://samsungtomorrow.com/
- http://newyorkdailyphoto.blogspot.com
- http://digitalwellbeinglabs.com/
- http://www.miraeseum.or.kr/
- http://architettura.supereva.com
- http://www.livingtomorrow.com
- http://Senseable.mit.edu
- http://www.dwell.com
- http://www.ncsu.edu/project/design-projects/udi/
- http://www.sekisuihouse.com/zeh/eng/
- http://www.futurelab.org.uk/projects/savannah/details
- http://it.donga.com
- http://www.mickey-mouse.com/picepcothista.htm
- oki.com/lpage/life/201202/wk20120229161217121480.htm
- http://ollehsquare.kt.com
- http://dcc.ndhu.edu.tw/itv/New/lecture/ppt/940521-1.pdf
- http://www.irwinmiller.com
- http://www.himsintl.co.kr/
- http://www.tomorrowcity.or.kr/
- http://www.yankodesign.com
- http://www.unlekker.net/proj/04vattenfall/
- http://openbuildings.com/buildings/son-o-house-profile-38562#
- http://interface.ufg.ac.at
- http://www.playworks.net/
- http://www.tychisystems.com/
- http://www.secureview.co/
- http://store.absolutelynew.com/content/products/illumi-knob
- http://www.lotteapt.net/
- http://www.slashgear.com/
- http://www.behance.net/
- http://www.environmentteam.com/

- http://magazine.jungle.co.kr/
- http://www.designboom.com
- http://www.flyingsuicide.net
- http://www.furniturereporter.com
- http://www.wired.com/
- http://inhabitat.com/
- http://www.dmkbb.co.uk/accessible-kitchens/
- http://www.tuvie.com/
- http://apparichith.wordpress.com/
- http://thecoolgadgets.com/
- http://jcu.export-japan.com/
- http://defianceanddefenders.blogspot.kr/
- http://www.toxel.com/
- http://www.archiexpo.com/
- http://www.coroflot.com/
- http://trendsupdates.com/
- http://www.blueskyhealthcare.com.au/
- http://www.mobilitycare.net.au/
- http://www.dyson.com/fans/fansandheaters.aspx
- http://www.houzz.com/
- http://suite101.com/
- http://www.freedomshowers.com/
- http://www.digsdigs.com/
- http://blog.noroo.co.kr
- http://www.independentliving.co.uk/
- http://group.electrolux.com/
- http://www.gwcnolcgasnicr.fr/
- http://www.pressalitcare.com/
- http://www.bornrich.com/
- http://bathroom-interior-design-ideas.blogspot.kr
- http://www.pressalitcare.com/

- http://www.Universal-Toilet.com
- http://www.rnrassociates.com
- http://www.handimove.com/
- http://www.bookboo.or.kr/
- http://www.ep-silver.org/gallery/gallery.asp
- http://dgcare.bohun.or.kr/
- http://www.iyctv.net/coding/view.asp?seq=11436
- http://agelab.mit.edu/agnes-age-gain-now-empathy-system

찾아보기

ㄴ

ㄷ

ㄹ

ㅁ

ㅂ

ㅅ

ㅇ

ㅋ

ㅌ

ㅍ

ㅎ

저자소개

김 미 희

- 연세대학교 생활과학대학 주생활학과
- 연세대학교 대학원 주거학전공 (석사 · 박사)
- (사) 한국주거학회 부회장 역임
- (사) 한국공간디자인협회 회장 역임
- 현재 전남대학교 생활환경복지학과 교수
  대학원 실내디자인전공 주임교수

오 지 영

- 전남대학교 생활과학대학 가정관리학과
- 전남대학교 대학원 실내디자인전공 공학석사
- 전남대학교 대학원 생활환경복지학과 주거학전공 박사수료
- 광주 고령친화 체험관 선임연구원
- 현재 조선대학교 중앙대학교 외래교수

노인을 이해하기 위한

고령친화 체험관 디자인과 프로그램

인쇄 | 2013년 2월 19일
발행 | 2013년 2월 25일

저　자 | 김미희　오지영
발행인 | 지병문
발행처 | 전남대학교출판부

등록 | 1981. 5. 21 제53호
주소 | 500-757　광주광역시 북구 용봉로 77
전화 | (062) 530-0571~2, 마케팅부 (062) 530-0573
팩스 | (062) 530-0579
홈페이지 | http://www.cnup.co.kr

값 15,000원

ISBN : 978-89-6849-004-0(93010)

이 도서의 국립중앙도서관 출판시도서목록(CIP)은 e-CIP홈페이지(http://www.nl.go.kr/ecip)와 국가자료공동목록시스템(http://www.nl.go.kr/kolisnet)에서 이용하실 수 있습니다.
(CIP제어번호: CIP2013000861)